"我是档案迷"丛书

卜鉴民 主编

《红楼梦》里的苏州丝绸记忆

HONGLOUMENG LI DE
SUZHOU SICHOU JIYI

栾清照 苏锦 皇甫元 石浩 编著

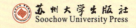

苏州大学出版社
Soochow University Press

图书在版编目(CIP)数据

《红楼梦》里的苏州丝绸记忆/栾清照等编著.—
苏州:苏州大学出版社,2019.11
("我是档案迷"丛书/卜鉴民主编)
ISBN 978-7-5672-3027-9

Ⅰ.①红… Ⅱ.①栾… Ⅲ.①丝绸工业-经济史-苏州 Ⅳ.①F426.81

中国版本图书馆 CIP 数据核字(2019)第 263873 号

《红楼梦》里的苏州丝绸记忆

栾清照　苏　锦　皇甫元　石　浩　编著

责任编辑　王　亮

苏州大学出版社出版发行
(地址:苏州市十梓街1号　邮编:215006)
苏州工业园区美柯乐制版印务有限责任公司印装
(地址:苏州工业园区东兴路7-1号　邮编:215021)

开本 787 mm×1 092 mm　1/32　印张 4.25　字数 60 千
2019 年 11 月第 1 版　2019 年 11 月第 1 次印刷
ISBN 978-7-5672-3027-9　定价 36.00 元

若有印装错误,本社负责调换
苏州大学出版社营销部　电话:0512-67481020
苏州大学出版社网址　http://www.sudapress.com
苏州大学出版社邮箱　sdcbs@suda.edu.cn

"我是档案迷"丛书

编委会

主　编	卜鉴民
副主编	吴　芳　陈　鑫　赵　颖
编　委	谈　隽　方玉群　栾清照　吴　飞
	杨　韫　陈明怡　周玲凤　姜　楠
	程　骥　苏　锦　石　浩　薛　怡
	史唯君　费乙丽　王颖华　商大民
	皇甫元

"我是档案迷"丛书

序

广袤富饶的平原,辽阔壮美的草原,浩瀚无垠的沙漠,奔腾不息的江海,巍峨挺拔的山脉,承载和滋润了多彩的世界文明。在人类的历史长河中,值得留住的记忆灿若星辰:距今3000多年的中国殷墟甲骨文、东南亚以爪哇文字写成的班基故事、壮丽颂歌贝多芬第九交响曲、记录大航海时代地理新发现的瓦尔德泽米勒绘制的世界地图、见证马克思主义诞生的《共产党宣言》手稿……这些珍贵的档案文献遗产是知识和智慧的源泉,承载着人类社会的共同记忆。

青少年是实现美丽中国梦的生力军。如何让青少年了解、亲近这些宝贵的世界记忆? 如何让青少年在档案馆里感受历史文化的变迁? 如何让青少年在建档过程中见证自身的成长? 带着这些问题,苏州市工商档案管理中心(以下简称"中心")开展了一些有益探索。2017年,中心馆藏的"近现代中国苏州丝绸档案"成功入选《世界记忆名录》。作为29592卷丝绸档案的守护者,中心于2018年成立世界记忆项目苏州学术中心,大力开展世界记忆项目进校园和未成年人成长档案建设等活动,以提升青少年对于世界记忆、文献遗产以及丝绸档案的认识。

"我是档案迷"丛书也是探索所取得的成果之一。自2018年开始,经过一年多的努力,这套书终于付梓与大家见面了。丛书共含6册,涵盖了未成年人成长档案、苏州丝绸业、丝绸之路、世界记忆项目等众多内容。为避免海量知识的简单罗列,在丛书策划之初,我们就建立了档案的"未成年人观",以孩子的需求为创作的起点。我们仔细揣摩青少年的心理特点及阅读需求,正式推出了苏州丝绸档案的卡通形象代言人"兰兰""台台",将一个个历史档案故事融入他们一系列的探险活动,以富有感染力的文字、生动有趣的图画和与知识紧密契合的游戏,引导青少年朋友们去接触世界记忆、了解文献遗产、认识苏州丝绸档案,让档案真正走进校园、走近青少年。

档案是连接过去的纽带,是照亮未来的火把,是带领我们避开记忆迷途的指南针。在书中,档案赋予我们超能力。当我们化身"兰兰""台台",驾着时空机,穿越古今,重回档案现场,亲历中国记忆的重要瞬间时;当我们变身档案迷,在中国丝绸档案馆中闯关探险,解读珍贵丝绸档案时;当我们跟着方叔叔,建档爱档,一起制作自己的成长档案时……保护文献遗产的种子便在我们心头播种,参与世界记忆项目的小树便在我们心中成长。

如此可读、可玩、可品的丛书的问世,汇聚了众人的

心血,凝结了集体的智慧。感谢国家档案局和世界记忆项目中国国家委员会对丛书的大力支持;感谢入选《世界记忆名录》《世界记忆亚太地区名录》的文献遗产保管单位提供丰富的资料和专业的指导;感谢陈彦霖为《〈红楼梦〉里的苏州丝绸记忆》一书创作的精美插画;感谢中心已退休的老同志商大民、皇甫元提供大量有关苏州丝绸以及《红楼梦》的资料;感谢苏州市档案馆监督指导处及中心的同志们共同承担图书的编撰工作。正是大家的通力合作,编写工作才能顺利完成。

　　文明永续发展,需要薪火相传、代代守护,更需要顺时应势、推陈出新。中华传统文化博大精深、源远流长,但无论是对档案文献遗产的保护与开发,对苏州丝绸历史的学习与探讨,还是对经典巨作《红楼梦》的解读与分享,都要与时偕行,不断吸纳时代精华。"我是档案迷"丛书的出版于我们而言是顺应时代的一次大胆而有益的尝试。我们真心希望青少年朋友们可以在丛书的引导下,走进档案馆,亲近文献遗产,感受中华文化的生生不息和代代传承,感受文明互鉴的流光溢彩和绚丽多姿!

卜鉴民
2019 年 9 月 1 日

人物介绍

兰兰

丝绸档案家族的一员。爱看书,爱学习,爱探索。擅长历史,喜欢各种美的事物。性格温和,富有爱心。生活中处处照顾弟弟,是弟弟的好榜样。

台台

兰兰的弟弟,同样也是丝绸档案家族的一员。调皮可爱,心直口快,对未知事物总是充满好奇,脑袋里装了无数个小问号。非常崇拜姐姐,总是围着姐姐转。

目录 CONTENTS

- **1** 卷首语
- **3** 江宁织造——天衣无缝
- **12** 杭州织造——薄如蝉翼
- **19** 苏州织造——丝绸上的雕刻艺术
- **29** 苏州织造署旧址——江苏省苏州第十中学
- **35** 《红楼梦》之"绫"
- **39** 《红楼梦》之"罗"
- **45** 《红楼梦》之"绸"
- **50** 《红楼梦》之"缎"
- **56** 《红楼梦》之"刻丝"

60 《红楼梦》之"锦"

 66 《红楼梦》之花卉纹样

 72 《红楼梦》之吉祥纹样

 80 《红楼梦》之团花纹样

 83 《红楼梦》之撒花纹样

 89 《红楼梦》之苏绣

 94 《红楼梦》之盘金绣

 98 今日苏州剧装戏具公司

 110 昨日苏州剧装戏具厂

 125 后记

卷首语

《红楼梦》以其卓越的文学成就成为中国古典文学创作的巅峰之作,与《水浒传》《三国演义》《西游记》并称为"中国古典长篇小说四大名著",在一代代读者心中留下了不可磨灭的印象。

《红楼梦》还与苏州、与丝绸有着深厚的情缘,书中缓缓流淌出关于丝绸,尤其是苏州丝绸的许多记忆。这些丝绸时而鲜亮明丽,时而淡雅素净;时而端庄厚重,时而俏皮轻盈……书中虽说是"真事隐去""假语村言",对于丝绸的描写却是惟妙惟肖、真实可感,这些绫罗绸缎目睹了大观园的热闹鼎盛和冷清萧条,亦见证了宝黛凄美的爱情故事。

《红楼梦》自问世以来,诞生了许多影视戏曲作品,1987年版同名电视连续剧《红楼梦》(简称"87版《红楼梦》")毫无疑问是其中的翘楚,得到了大众的一致好评,重播千余次,被誉为"中国电视史上的绝妙篇章"和"不

可逾越的经典"。这除了归功于全体剧组人员的努力外,还要归功于苏州剧装戏具厂。该厂承担了剧中140多位有名有姓人物共2700余套服装的研制工作,精美的剧装给观众带来了美的享受。

这不,丝绸档案家族的兰兰、台台小朋友因为看了87版《红楼梦》,被里面的剧装深深吸引,对丝绸产生了浓厚的兴趣,因此他们要去探寻《红楼梦》与丝绸的奥秘。让我们跟随兰兰、台台的脚步,重新赏读不一样的"红楼",相信我们一定会找寻到许多关于苏州丝绸的记忆,赶紧试试吧!

江宁织造
——天衣无缝

暑假的一天,台台写完作业正在整理书桌。这时,从客厅传来一阵电视剧的声音。

台台走到客厅。原来是姐姐兰兰在看电视,电视机里正播放着87版《红楼梦》。"咦,好巧哎!我们老师布置的暑假作业里就有一项,阅读一本四大名著的书或者观看一部四大名著的电视剧。我还在想,电视台再不播,我就要去电脑上看了。"

兰兰招呼台台过来:"是吗?那确实很巧,坐下来和姐姐一起看吧。"

放广告的空档,台台伸了个懒腰:"姐姐,《红楼梦》的作者是曹雪芹,没错吧?好像有很多资料显示他家跟清代康熙皇帝关系很密切。"

"是的,很多资料显示,曹雪芹的爷爷曹寅做过康熙的御前侍卫。"

"御前侍卫?"台台很有兴趣,"是不是像《包青天》里的展昭那样?"

"呃,并不完全一样。曹寅这个御前侍卫,在很长一段时间里,每天陪着康熙皇帝,保护康熙皇帝,和康熙皇帝一起读书习武,跟康熙皇帝几乎可以算是'发小'了。"兰兰耐心地跟台台解说道,"所以后来,曹寅的爸爸曹玺被康熙皇帝派去南京管理江宁织造了。"

"江宁织造?"台台不解,"那又是什么?"

"江宁织造是清代官营丝绸织造机构。"兰兰思索了一下,"通俗点说,就是清代专门给皇室和朝廷管理丝绸,生产各种丝绸产品的丝绸企业、丝绸工厂。"

台台摇晃着脑袋:"皇室和朝廷?丝绸?感觉这中间有很多故事呢!"

兰兰拉起台台的手:"要不要去现场观摩感受

一下?"

台台欢呼:"好啊好啊,我们去看看吧。"

兰兰召唤来时空机,和台台一同前往清代康熙年间的江宁织造。

从时空机里走出来,姐弟俩看到一群工匠打扮的人围着一块明黄色的织物在讨论。

台台在这群人边上张望了一会儿:"姐姐,你看见那块黄色的布了吗?他们是在做给皇帝用的东西吧?"

正在仔细看着这群人的兰兰听到台台说话,转过头:"嗯,从颜色和纹样看,他们在做龙袍。"

"龙袍?"台台说,"据说龙袍是要专门机构采用专门技艺才能做的。"

"没错,在清代,江宁织造就是专门给皇帝做龙袍的地方。"兰兰说。

台台问:"那江宁织造有什么做龙袍的专门技艺吗?"

"江宁织造有个独门绝技叫'天衣无缝'。"兰兰说。

"'天衣无缝'?那是什么?"台台很疑惑。

兰兰耸了耸肩,摊开手:"我只是大概知道这个

技艺,但是具体什么样子,还需要请教专业人员。"

正说着,旁边一位官员模样的人说道:"这里所说的'天衣',就是天子穿的衣服,也就是皇帝的龙袍。'无缝'就是没有缝的意思。"

"啊?没有缝?"兰兰、台台齐声惊呼。

看着姐弟俩惊讶的模样,官员笑道:"'天衣无缝'不是说龙袍真的没有缝,而是指龙袍的缝非常少,设计时尽可能地少出现缝,而且龙袍的肩膀上绝对不能有缝。如果不能避免有缝,那也只能有竖缝不能有横缝。最关键的是,有缝也要看不出来。"

台台惊得张大了嘴巴:"这也太难了吧,怎么能做得出来呢?"

"虽然很难,但是我们江宁织造还是能做出来的。"官员语气中透出一丝自豪,"要做到'天衣无缝',首先要保证设计的精准,龙袍上的每一个图案、花纹、颜色,都要精准到在第几根经线、第几根纬线上。如果设计错误,就不能很好地对接,做出的龙袍肯定是不合格的。其次,即使设计精准,如果不是经验非常丰富的工匠,也很难做到'天衣无缝'。"

"既然已经设计精准了,又是严格按照程序制作,为什么还不行呢?"这下兰兰也不明白了。

"这是由龙袍的材质——丝绸决定的。"官员说。

"丝绸?"台台不明白,"和丝绸有什么关系呢?"

"丝绸源于蚕丝,这个大家都知道吧?"官员问姐弟俩。

兰兰、台台点了点头。

官员继续说:"蚕丝是有弹性、会伸缩的,而且在不同的温度、湿度条件下伸缩性是不同的。做龙袍与做普通衣服的步骤不一样。做普通衣服是先把面料裁剪好,然后缝合成衣服。而龙袍是织出来的,工匠要把龙袍上所有的纹样先织出来,而且是织在同一块面料上。织好这样一块面料,熟练的工匠至少要花一年的时间。"

"一年? 这么长时间啊!"姐弟俩非常吃惊。

"是的,织龙袍可不是那么容易的。龙袍上不同区域的纹样可能是在不同季节里完成的。"

"在不同季节里完成不同区域里的纹样?"台台疑惑地皱了皱眉头。

"嗯。"官员思索了一下,"我举个例子。比如一个纹样,如果是在潮湿的天气里织,工匠手上的力度就要小一点;相反,如果是在干燥的天气里织,工匠手上的力度就要大点。只有这样,最后拼出的纹样才是完美的。工匠的手法非常重要。手法好,左边和右边的纹样、前边和后边的纹样才能对得准;手法欠缺,纹样就不能对准,后道缝制时就会出现问题。

"原来如此,真是太厉害了!"台台由衷地感叹道。

"咦,那里又是在做什么呢?"兰兰突然注意到不远处有几位工匠围坐在一张长桌边。

官员顺着兰兰的目光看过去:"他们正在挑选做诰帛用的丝线。"

"诰帛?"台台不解地问,"那又是什么?"

"就是俗称的'圣旨'。"官员解释道。

台台很疑惑:"圣旨不是黄色的吗?"

官员笑了笑,说道:"不是的。颁给不同级别官员的圣旨,颜色是不一样的。一般颁给五品以上官员的圣旨,是多彩圣旨,有三种到五种颜色,有时甚至是七种颜色。官员级别越高,颜色越丰富。"

"哇哦,长知识了。我一直以为圣旨就是黄色的呢。"台台边说边仔细欣赏着眼前五彩缤纷的丝线。

"那圣旨有多大呢?"兰兰问。

"圣旨大小、长短不一,通常短的有2米长,长的达5米。"官员说。

"5米?"台台张开双臂,"好长呀!"

这时,有人过来找官员,官员只得转身告辞:"现在我有公务要处理,不能奉陪了。不过你们可以去杭州织造,去我的同行那里,探寻同我们江宁织造不一样的技艺。"说完匆匆离去。

"杭州织造?"台台呢喃着,"不会又是做龙袍和圣旨的吧?"

兰兰笑道:"去看看就知道了呀。"

姐弟俩登上时空机,锁定目标——杭州织造。

《红楼梦》里的苏州丝绸记忆

杭州织造
——薄如蝉翼

一位工匠正坐在织机前工作。兰兰看到织出来的半透明纱布,惊叹不已。台台有点不解:"姐姐,那是什么?为什么你反应这么大?"

兰兰平复了一下自己的心情:"这个是皓纱,就是民间所说的'蝉翼纱'。"

"蝉翼纱?"台台皱着眉头想了想,"是说这个像蝉翼一样轻柔透明吗?"

"对的。"兰兰赞许地说,"这应该就是杭州织造的绝技——薄如蝉翼。"

"薄如蝉翼,确实是名副其实啊。"台台说,"我比较好奇,这个技艺是谁发明的呢?"

兰兰仔细想了想:"书上记载,蝉翼纱是明代末期杭州一位叫蒋昆丑的人发明的。关于蝉翼纱的发明过程,杭州民间还流传着好些故事呢!"

《红楼梦》里的苏州丝绸记忆

"还有故事呀?"台台兴奋地说,"姐姐你快给我讲讲呢!"

兰兰轻轻拍了拍台台的后背:"台台别着急,姐姐挑一个给你讲讲啊。传说蒋昆丑是个织造高手。一开始,他的织造生意很好,于是就有同行把店开到他家附近。这些人善于经营,而蒋昆丑只擅长织造技术,很快他的织造生意就不行了。蒋昆丑很愁,想了各种办法,但是他能想到的也就是在品种上创新。可是在品种上创新也不是那么容易的。有一天,蒋昆丑休息的时候被'知了知了'的蝉叫声吵醒。他心情不好,顺手拿起砚台朝蝉扔了过去。蝉受到惊吓飞了起来,张开的翅膀轻薄透明。蒋昆丑顿时有了灵感,高兴地喊道:'知了,知了,我也知了!'他要织出像蝉翼一样轻薄透明的丝绸。经过日日夜夜的思考以及织机上不断的试验,他终于织出了一块薄如蝉翼的丝绸,并给这种面料取名'蝉翼纱'。"

"厉害,这个故事有意思!"台台跷起了大拇指,"那,这个蝉翼纱又是怎么同杭州织造产生关联的呢?"

"蒋昆丑发明的蝉翼纱一面市,大家争相购买,杭州织造自然也知道了。杭州织造的官员看到实物后非常高兴,就同蒋昆丑合作了,产品专贡皇帝和朝廷。当然,作为贡品,名字就要高雅点了,所以官方称'皓纱'。"兰兰说道。

台台有点小疑惑:"这个丝织品这么薄,这么透,好像也不太适合做衣服呀。"

兰兰笑着解释道:"不是所有的丝织品都只有做衣服这一个用途呀。像蝉翼纱这种又薄又接近透明的织物,可以用来做蚊帐、做窗纱、做装饰呀。"

"你们是谁?来我们的工场做什么?"姐弟俩正探讨得起劲,身后传来一道严厉的声音。

兰兰和台台转身,看到一位官员正朝他们走来。

兰兰赶忙走上前去:"您好,抱歉打扰了。我们是丝绸档案家族的孩子,正在探寻与丝绸织造相关的技艺。"

"那你们可来对地方了。你们现在有什么问题吗?"官员弄明白情况后,主动询问起来。

"是这样的,我们先前去了江宁织造,知道了他们专门做龙袍和圣旨,刚刚又在你们这儿看到了蝉

翼纱。你们杭州织造除了做蝉翼纱,有薄如蝉翼的绝技之外,还做其他丝织品吗?"兰兰走到了官员面前,礼貌地说。

"哦,除了皓纱,我们杭州织造的主打产品是杭罗。"官员答道。

"杭罗?"台台想了想,"我好像见过罗。但是为什么叫杭罗?"

"因为主产于我们杭州,所以叫杭罗。"官员温和地说,"我们的杭罗挺括、滑爽、透气,所以主要贡给皇帝做夏天的衣服。"

"咦?"台台的余光扫到工场另一处地方,"那些人是在做什么呀?"

顺着台台的目光看过去,官员答道:"他们正在将织好的装饰用丝绸卷成匹。"

"装饰用丝绸?"台台默念了一下,"好奢侈!"

"嗯,皇宫里要举行庆典活动时,为了烘托气氛,就会到处悬挂彩色的丝绸,这些丝绸就是我们杭州织造做的。"官员给兰兰、台台解说,"对了,刚刚你们说已经去过江宁织造了,接下来你们可以再去苏州织造,将江南三织造都参观一遍。"

"苏州织造?"兰兰想了一下,"差点忘了。"

"可不可以问一下,江宁织造的绝技是天衣无缝,你们杭州织造的独门秘技是薄如蝉翼,苏州织造的拿手好戏又是什么呢?"台台眼巴巴地看着官员。

官员看了看姐弟俩,卖了个关子:"这个嘛,我就不说了,还是你们自己去找答案吧。我相信你们一定会像在江宁织造和我们杭州织造一样有所收获的。"

兰兰和台台告别了官员,再次登上时空机,向同一时代的苏州织造飞去。

苏州织造
——丝绸上的雕刻艺术

时空机降落在苏州织造署门前。姐弟俩看到了一派繁忙的景象：人们正在往船上搬运绸缎匹，一位官员在簿本上写着什么。

台台问:"姐姐,那些丝绸要装运到哪里去呀?"

兰兰有点不太确定:"应该是去京师吧?"

那个官员听到他们说话,抬起头:"这批丝绸是要运去京师。"

"送到京师去,也是给皇帝用的吗?"台台仰着脑袋问。

"确切地说,是给皇帝赏赐用的。"官员说。

"啥?赏赐丝绸给别人做衣服啊?这也太贴心了吧?"台台嘀咕了一下。

"不全是这样哦。"官员纠正台台,"丝绸可不仅仅是用来做衣服的。在我们这儿,丝绸非常贵重,和黄金、白银一样,是财富和地位的象征。"

"这么说起来,赏赐丝绸就等于赏赐给别人好多钱?"台台有点不确定。

官员看着可爱的台台,笑了笑说:"你这么说也没错。"

"对了,皇帝赏赐用的丝绸都是你们这里生产的吗?"台台继续问道。

"嗯,我们苏州织造是生产赏赐用丝绸的主要基地。"官员自豪地说。

台台竖起了大拇指:"真厉害!"

官员微笑着点点头,并拱手作揖:"我要继续清点数目了,你们可以先自己看看,等会儿有时间我再带你们去看其他的。"

兰兰和台台暂别了官员,往织造署里面走去。

台台问:"刚刚那位官员说,在他们这里,丝绸是财富和地位的象征,那《红楼梦》里有没有写到赏赐丝绸这样的场景啊?"

"当然有啊!《红楼梦》第十七至十八回元妃省亲的章节里,写元妃赏赐贾府众人,赏赐的物品里就有很多是丝绸,比如给贾母的'富贵长春'宫缎四匹、'福寿绵长'宫绸四匹。"兰兰答。

台台掰着手指头:"这么多,真是大手笔!"

兰兰笑着摸了摸台台的脑袋。

"对了,姐姐,江宁织造和杭州织造各有各的绝技,刚刚在杭州织造,我问那个人苏州织造有什么绝技,他都不肯说,要我们自己来找。"台台仰着头问,"《红楼梦》里写到了杭州织造的蝉翼纱,有没有写苏州织造的代表品种啊?"

"有呀。"兰兰说,"《红楼梦》里描写王熙凤第一次出场的时候,她身上穿的一件衣服就是用苏州织造特有的技艺制作出来的。"

"是什么呢?"台台嘟着嘴说,"姐姐你也卖关子。"

兰兰笑了笑:"《红楼梦》里是这么写的,'……外罩五彩刻丝石青银鼠褂,下着翡翠撒花洋绉裙。'"

"呃,是褂还是裙呢?"台台不太清楚。

"是五彩刻丝石青银鼠褂。"兰兰说,"刻丝,就是苏州织造特有的技艺。"

"刻丝?"台台带着点疑问。

"嗯,'雕刻'的'刻',也叫'缂',绞丝旁加'皮革'的'革'。"兰兰用手比画着,"苏州织造的这个技艺被称为'丝绸上的雕刻艺术'。"

"你说得很对。"台台的耳边响起了另外一道声音,他转身一看,发现刚刚那位官员过来了。

"走,我带你们去看看缂丝织造的现场,给你们加深一下印象。"官员邀请兰兰、台台。

"好呀,好呀。"台台拍着手,"现场一边看,一边听您讲解,我想肯定会有很多收获。"

"对啊。谢谢您!"兰兰向官员道谢。

"不用谢,能帮助更多的人了解我们,我很乐意!"

官员将姐弟俩带到了缂丝织造现场。一位工匠正坐在缂丝机前认真地织造。

"咦？他手里拿的那个两头尖尖的东西是什么？"台台的眼睛盯着工匠的手来回移动。

"哦,那是织造缂丝的工具之一——梭子。"官员答。

"梭子？在缂丝织造过程中起什么作用呢？"台台继续问。

官员斟酌了一下:"梭子呢,主要是在缂织的时候带纬线来回挖织。每一个梭子上用一种颜色的纬线,所以每幅作品根据图样色彩和宽窄,要备几十只乃至几百只梭子。梭子的用量之多,也是缂丝区别于其他织造工艺和织物的主要特征。"

"唔,纬线？"兰兰有点不太确定地问,"平时我们经常说经纬一词,有纬线,是不是应该就会有经线？"

官员点了点头:"是的,平时我们谈到缂丝的织造技艺,通常会说缂丝是用'通经断纬'的方法织造的,意思就是经线是整根不断的,而纬线要根据颜色和花纹的变化而更换。织机上的那些线,看到了吗？那就是经线。"

兰兰听了官员的解说,又看了看正在织造的工匠和织机,在脑海里想象了一下,还是有疑问:"纬线根据颜色和花纹更换,最终织出图样,那颜色和花纹是根据什么来定的呢?"

"画样。"官员说,"在织机上固定好经线后,工匠将选定的样稿放在经面下,用毛笔把要织的纹样描在经面上,按照画样织造。"

"咦?我好像看到那台织机的经线底下有什么东西闪了一下,那是什么呀?"台台突然像发现了新大陆。

"哦,那是镜子。"官员说道,"在织造过程中,每织造完成一部分纹样,工匠会用镜子来查看反面图案的织造效果,以便能够在缂织过程中进行调整,因为最终成品的正反两面图案是一样的。"

"这个有意思。"台台继续盯着工匠看,同时赞叹连连。

官员陪着姐弟俩又看了一会儿,问兰兰:"你刚刚说缂丝是'丝绸上的雕刻艺术'。你真正懂这句话的含义吗?"

兰兰有点不好意思地回答:"这句话是我从书上看来的,但到底为什么这么说,我还不太清楚。您能跟我们讲讲吗?"

"为什么说缂丝是'丝绸上的雕刻艺术'?"官员

酝酿着如何解释比较好,"因为在织造的时候,经线是先在织机上固定好的,而纬线是不断变更的,那么在花纹和地色相接合的地方就会出现一丝小裂痕。同时,纬线又一直变换颜色,在各个颜色的衔接处就会有明显的小眼。透过光线,这些裂痕和小眼看起来就像是用尖刀镂刻的一样,所以说缂丝是'丝绸上的雕刻艺术'"

"哦。"姐弟俩点了点头。

"对了,刚刚您同我们讲了缂丝的主要织造原理,我想继续向您请教,缂丝的经线和纬线一般都用什么材料呢?"兰兰问。

官员略略思考了一下说:"经线呢,作为缂丝的底料,是缂丝的筋骨,是贯穿缂丝作品始终的,所以要求质地坚韧,通常是用生丝。而纬线,因为缂织图案色彩的表现是通过纬线来回交织成的,所以通常采用染色的熟丝。除了丝线外,纬线也会用彩色羊毛、孔雀彩色绒羽、真金银丝等。"

"好神奇。"台台想了想说,"梭子、镜子是缂丝织造过程中用到的工具,那还有其他的工具吗?"

"除了你们看到的织机、梭子、镜子,还有拨子、竹筘、毛笔等。"官员说。

"拨子？长什么样子呀？"台台好奇地问。

官员从工匠手边拿起了一个两头像梳子的东西："喏，这个就是拨子。"

"梭子是带纬线来回挖织的，那拨子是做什么用的呢？"兰兰问。

"用来拨紧纬线的。"官员回道。

姐弟俩继续看着工匠马不停蹄地织造。

过了一段时间，台台说："我们已经看了好久了，怎么完全没感觉到缂丝的长度有变化呀？"

"实际上是有的。"官员说，"因为纬线完全是通过频繁换梭手工织的，特别费工费时，完成一件作品需要很长的时间，所以有'一寸缂丝一寸金'的说法。"

兰兰和台台都跷起了大拇指："看了织造现场才明白，缂丝有这样的赞誉，真的是当之无愧。"

官员朝兰兰、台台拱了拱手："时间也不早了，我还有公务要处理，就不陪你们了。你们自行参观吧。"

姐弟俩点了点头，跟官员道了别，在织造署里继续参观。

又过了大半天，姐弟俩终于参观完了苏州织

造,登上时空机。

台台说:"姐姐,我们今天行程好充实呀,参观了三家织造。这三家织造现在还存在吗?"

"现在当然没有啦,因为各种原因,这三家织造逐渐衰败、消亡。现在存在的只是一些遗址、遗迹了。"兰兰说。

"好吧。"台台嘀咕,"我还想看看这些织造现在的样子呢,看来这个心愿是不能实现了。"

"唔,其实还是能实现一点点的。"兰兰歪着脑袋想了一下,"虽然江宁织造、杭州织造已经基本看不到当年的样子了,不过苏州织造的大门现在还比较完好地保存着,就是刚刚我们看到的有匾额的那个门。苏州织造也是江南三织造中现存遗迹最多的一家。"

"真的吗?"台台一下子提起了兴趣,"我想去看看耶。"

"好的,我们现在就出发。"兰兰说。

借助时空机的超能力,姐弟俩来到了江苏省苏州第十中学(简称"十中"),即苏州织造署的旧址。

苏州织造署旧址
——江苏省苏州第十中学

"哇哦!"从时空机走出来,看到江苏省苏州第十中学的校门,台台发出了惊叹声,"看起来一点都没变呢。不知道里面是什么样子了,是不是与康熙年间的也差不多?"

江苏省苏州第十中学校门

《红楼梦》里的苏州丝绸记忆

兰兰摊开手:"我也不知道,我们一起进去看看吧。"

跨过大门,沿着校园小径,姐弟俩安安静静地走着、看着,康熙年间苏州织造繁忙的景象还时不时在脑海中闪现,而眼前却是一片生机勃勃的学校场景。

坐在多祉轩里休息,台台发出感慨:"真是没想到,因为一部《红楼梦》,我们认识了江南三织造,还领略了三织造各自的独门绝技,这真是一段奇妙的经历。"

"没错。"兰兰赞同地说,"而且我们还看到了幸存的苏州织造遗迹。"

"是啊!"台台感叹,"我还要仔细看看,好好领略苏州织造的风采。"

"咦?"台台指着墙上的一块碑石,"重建苏州织造署记?"

兰兰仔细看了看碑石:"原来我们现在看到的苏州织造署旧址,已经是清代同治十年(1871年)至十一年(1872年)间重建后的样子了。我还以为这就是康熙年间留存下来的织造署呢,搞了个乌龙。"说完,兰兰不好意思地冲台台笑。看着姐姐羞涩的模样,台台也笑了起来。

多祉轩内的《重建苏州织造署记》碑

休息好了,姐弟俩继续在校园里参观。

台台一边参观,一边跟姐姐聊天:"姐姐,我好羡慕在这里上课的学生啊。"

兰兰问:"为什么呢?"

"这里可是苏州织造署旧址,有那么多的历史可以回顾,你说他们是不是特别幸运?"

兰兰赞同地点了点头。

"每天在这样的校园里上学,多受熏陶呀!课间闲暇的时候可以探寻以前的故事,领略古代官方织造的风采,还能感悟丝绸文化。"台台说。

"确实哦。"兰兰说,"你这么一说,我也很羡慕他们了。"

"回去我一定要好好地品读《红楼梦》原著。"姐弟俩从十中南大门走出来,台台突然大发感慨。

兰兰有点摸不着头脑:"呃,你怎么突然又想到《红楼梦》了?"

"因为我们今天的行程是由《红楼梦》引发出来的呀,而且我们去的三个织造,他们的独门绝技在《红楼梦》里都有描写啊。"台台望着兰兰,"姐姐,你怎么突然迷糊了呢?"

兰兰笑了:"呃,好吧!台台这种求知若渴的精神真值得表扬!"

听到姐姐的夸赞,台台心里美滋滋的。

姐弟俩参观了江南三织造,欣赏了十中的美景,带着满满的收获回家了。

第二天一早,台台就缠着姐姐找《红楼梦》:"姐姐,你快点把书找出来呢,都说书中有很多关于丝绸的描写,我想好好看看。"

"哎哟哟,我们的台台真是说话算话呀,昨天说要好好读《红楼梦》的,今天就行动了。"兰兰有点不敢相信,因为平时台台说话可不一定算数,说要做一件事不知道要拖到猴年马月呢。

台台催促着:"姐姐,你别说了,快去找给我嘛。"

"好好好,我这就去拿,我们一起来找关于丝绸的描写吧。"

兰兰刚把书拿出来,台台抢着说:"姐姐,江南三织造的产品是龙袍、皓纱、缂丝,我们就先找找这些吧。"

兰兰想了想,说:"我们还是一样一样来找吧。台台,你知道哪些丝绸品种啊?"

"龙袍、皓纱、缂丝。"台台不假思索地说。刚去过江南三织造,他记得可清楚呢。

兰兰扑哧笑了起来:"龙袍已经是成品了,不是丝绸品种哦,它可以由不同的丝绸品种做成,比如锦或者缂丝都可以啊。"

台台不好意思地笑了:"那还有什么丝绸品种啊?"

"人们平时常说绫罗什么?"兰兰提示台台。

台台连忙接话:"我知道了,我知道了,'绫罗绸缎',对不对?姐姐,我们就先找这4种吧?"

兰兰微笑着点了点头,台台已经迫不及待地翻起了书。

《红楼梦》之"绫"

兰兰台台带你读红楼

第三回 托内兄如海酬训教
接外孙贾母惜孤女①

◎ 茶未吃了,只见一个穿红绫袄青缎掐牙背心的一个丫鬟(yāhuan)走来笑道:"太太说:请林姑娘到那边坐罢。"

---

① 本书中《红楼梦》引文均引自商务印书馆2016年4月版《红楼梦》。

第八回　比通灵金莺微露意
　　　　　探宝钗黛玉半含酸

◎ 宝玉掀帘一步进去,先就看见宝钗坐在炕上做针线,头上挽着黑漆油光的鬏(zuǎn)儿,蜜合色的棉袄,玫瑰紫二色金银线的坎肩儿,葱黄绫子棉裙,一色儿半新不旧的,看去不见奢华,惟觉雅淡。

第二十一回　贤袭人娇嗔(chēn)箴(zhēn)宝玉
　　　　　　俏平儿软语救贾琏

◎ 那林黛玉严严密密裹着一幅杏子红绫被,安稳合目而睡。

第四十回　史太君两宴大观园
　　　　　金鸳鸯三宣牙牌令

◎ 再把那水墨字画白绫帐子拿来,把这帐子也换了。

第八十四回　试文字宝玉始提亲
　　　　　　探惊风贾环重结怨

◎ 只见奶子抱着,用桃红绫子小棉被儿裹着,脸皮趣青,眉梢鼻翅微有动意。

"姐姐,《红楼梦》里面有这么多绫做的衣物啊!"台台感叹道。

兰兰笑道:"是啊,绫是斜纹地上起斜纹花的传统丝织物,因为表面如同冰凌,所以叫'绫'。绫光滑柔软,质地轻薄,用途可多啦。你看书中这么多处写到绫,光颜色就有红、水红、桃红、杏子红、葱黄、白、藕合色、松绿等。书中提到的绫既能做袄、裙、裤,又能做被子、兜肚。宝玉、宝钗、黛玉都有绫做的衣服,鸳鸯、袭人等丫鬟也有绫做的衣裳,说明它是非常受欢迎的衣料。"

苏州市工商档案管理中心馆藏花广绫

《红楼梦》之「绫」

"姐姐,还有绫做的帐子呢!丝绸帐子,想想就很舒服。"台台歪着小脑袋,想象着水墨字画白绫帐子的模样。

"绫质地轻薄,做帐子凉爽透气,当然舒服啦。"兰兰看着台台的样子,觉得很好笑,她继续说道,"台台,你知道绫除了用作衣服、帐子,还有什么用途吗?"

台台皱了皱眉头,他想不出来。

兰兰脸上露出了顽皮的笑容:"不知道了吧,绫还可以用来装裱书画。大约在唐代,人们开始用丝织品给书画装裱。到了宋代,绫织物成为主要的装裱材料之一。书画是我国重要的文化载体,绫与书画相结合,开辟了它发展的新天地哦。"

台台流露出崇拜的眼神:"姐姐好厉害!"

"台台,多读书,你也可以的!下面,我们再一起找找书中的'罗'吧!"

《红楼梦》之"罗"

兰兰台台带你读红楼

第四十回 史太君两宴大观园
金鸳鸯三宣牙牌令

◎ 说笑一会,贾母因见窗上纱的颜色旧了,便和王夫人说道:"这个纱新糊上好看,过了后来就不翠了。这个院子里头又没有个桃杏树,这竹子已是绿的,再拿这绿纱糊上反不配。我记得咱们先有四五样颜色糊窗的纱呢,明儿给他把这窗上的换了。"凤姐忙道:"昨儿我开库房,看见大板箱里还有好些匹银红蝉翼纱,也有各样折枝花样的,也有流云卍(wàn)福花样的,也有百蝶穿花花样的,颜色又鲜,纱又轻软,我竟没见过这样的。拿了两匹出来,作两床绵纱被,想来一定是好的。"贾母听了笑道:"呸,人人都说你没有不经过,不见过,连这个纱还不认得呢,明儿还说嘴。"薛姨妈等都笑说:"凭他怎么经过见过,如何敢比老太太呢?老太太何不教导了他,我们也听听。"凤姐也笑说:"好祖宗,教给我罢。"贾母笑向薛姨妈众人道:"那个纱,比你们的年纪还大呢。怪不得他认作蝉翼纱,原也有些像,不知道的,都认作蝉翼纱。正经名字叫做'软烟罗'。"凤姐道:"这个名儿也好听。只是我这么大了,纱罗也见过几百样,从没听见过这个名色。"贾母笑道:"你能够活了多大,见过几样没处放的东西,就说嘴来了。那个软烟罗只有四样颜色:一样雨过天晴,一样秋香色,一样松绿的,一样就是银红的,若是做了帐子,糊了窗屉,远远的看着,就似烟雾一样,所以叫'软烟罗'。那银红的又叫作'霞影纱'。如今上用的府纱也没有这样软厚轻密的了。"薛姨妈笑道:"别说凤丫头没见,连我也没听见过。"

台台不解地问:"姐姐,我们不是找'罗'吗?怎么这里还有'纱'啊?"

兰兰笑了笑说:"因为罗与纱都有质地轻薄、表面有孔眼等特点,所以两者常常被混为一谈,合称'纱罗'。"

"那它们到底有没有区别呢?"台台迫不及待地问。

兰兰挠挠头:"我只知道它们是有区别的,却不清楚区别到底是什么。"

台台反应很快:"姐姐,我们上网查查吧。"

兰兰赞赏地说:"台台真聪明,我都没想到。"

受到姐姐夸奖,台台有点得意了。不过实际操作起来,还是兰兰更厉害,谈话间,她已经查到了。

苏州市工商档案管理中心馆藏折枝牡丹花罗

兰兰清了清嗓子,读道:"从织物结构上说,纱和罗还是有区别的。在汉唐时代,纱的经纬垂直交织,平纹结构,形成的孔眼是平直的;而罗的经线是两两纠结着与纬线交织,绞经结构,形成的孔眼相对固定。因而有'方孔曰纱,椒孔曰罗'的说法。明代以后,人们将表面有横向或纵向平纹条纹的绞经织物称为罗,而将绞经形成的孔眼连成一片的织物称为纱。"

台台无奈地摊开双手,耸了耸肩:"姐姐,我还是不懂。"

兰兰随声附和道:"我也不明白唉。这个太专业了,以后有机会再深入学习吧。不过这段关于纱罗的对话,是贾母领着刘姥姥参观大观园,由潇湘馆的窗纱引发的,可以说是《红楼梦》中关于丝绸的经典描写。连见多识广的贾府大管家凤姐都不知道'蝉翼纱'和'软烟罗'的区别,被贾母说笑了一番。"

"姐姐,贾母好厉害呀,大家都不认识,只有她知道'软烟罗'。"台台感叹道。

兰兰点头赞同:"贾母是四大家族史家的千金大小姐,是贾府最尊贵的长辈,她的见识自然比众人更加广泛。她简直既是丝绸专家,又是艺术家;既内行,又有诗情画意。台台,你说'软烟罗''霞影纱'是不是很好听?"

"姐姐说得真有道理,是很好听,而且很形象呢。我什么时候才能像贾母那样厉害呢?"台台托腮沉思起来。

"我们要学的多着呢!一步一步来吧,一口可吃不成胖子哦!还是先看'绸'吧。"

《红楼梦》之"绸"

兰兰台台带你读红楼

第十七至十八回 大观园试才题对额
       荣国府归省庆元宵

◎ 原来贾母的是金玉如意各一柄,沉香拐柱一根,伽楠念珠一串,"富贵长春"宫缎四匹,"福寿绵长"官绸四匹,紫金"笔锭(dìng)如意"锞(kè)十锭,"吉庆有鱼"银锞十锭。

第二十四回 醉金刚轻财尚义侠
     痴女儿遗帕惹相思

◎ 宝玉坐在床沿上,褪了鞋,等靴子穿的工夫,

《红楼梦》里的苏州丝绸记忆

回头见鸳鸯穿着水红绫子袄儿,青缎子背心,束着白绉绸汗巾儿,脸向那边低着头看针线,脖子上戴着花领子。

第四十二回　蘅芜(héngwú)君兰言解疑癖
潇湘子雅谑(xuè)补余香

◎ 平儿——的拿与他瞧着,说道:"这是昨日你要的青纱一匹,奶奶另外送你一个实地子月白纱作里子。这是两个茧绸,作袄儿裙子都好。这包袱里是两匹绸子,年下做件衣裳穿……"

第五十六回　敏探春兴利除宿弊
识宝钗小惠全大体

◎ 探春接了,看道是:"上用的妆缎蟒缎十二匹,上用杂色缎十二匹,上用各色纱十二匹,上用官绸十二匹,官用各色缎纱绸绫二十四匹。"

第一百九回　候芳魂五儿承错爱
还孽(niè)债迎女返真元

◎ 只见妙玉头带妙常髻(jì),身上穿一件月白素绸袄儿,外罩一件水田青缎镶边长背心,拴着秋香色的丝绦(tāo),腰下系一条淡墨画的白绫裙,手执麈(zhǔ)尾念珠,跟着一个侍儿,飘飘拽拽的走来。

《红楼梦》里的苏州丝绸记忆

台台问兰兰:"姐姐,绸又有什么特点啊?"

兰兰很认真地回答:"绸是丝织品中最重要的一类,是应用平纹或变化组织,经纬交错紧密的织品。它的特征是绸面平挺细腻,手感滑挺,用途广泛。绸常常作为丝织品的总称,人们常说'丝绸''绸缎'。《红楼梦》中关于绸类的描写也很多,我们找到的这几处就有宫绸、绉绸、茧绸等几种类型。"

"姐姐,那这几种绸有什么区别吗?"

苏州市工商档案管理中心馆藏林香绸

"它们的区别还是挺大的呢。宫绸是宫廷专用绸,做工精细、质量讲究。上面两处写到的宫绸,一处是元妃省亲时赏赐贾母的,一处是江南甄府家眷到京,送给贾府的礼物。绉绸织造时用不同张力使绸面自然起皱,通常用作皮革服饰的面子料,一般也是富贵人家用的。茧绸的原料是野生的柞蚕丝,丝质粗,因而茧绸坚固耐穿,比较适合像刘姥姥这样经常干活的人穿用。"

台台说:"也就是说,不同的绸显示了穿着者不同的身份地位啊。"

"台台总结得真好。"兰兰竖起了大拇指。

台台笑着做了个胜利的手势:"姐姐,我们再看看关于'缎'的描写吧。"

《红楼梦》之"缎"

兰兰台台带你读红楼

第三回　托内兄如海酬训教
　　　　　接外孙贾母惜孤女

◎ 正面炕上横设一张炕桌,上面磊着书籍茶具,靠东壁面西设着半旧的青缎靠背引枕。王夫人却坐在西边下首,亦是半旧青缎靠背坐褥,见黛玉来了,便往东让。

第二十六回　蜂腰桥设言传心事
　　　　　　潇湘馆春困发幽情

◎ 那贾芸口里和宝玉说着话,眼睛却溜瞅那丫鬟：细挑身材，容长脸面，穿着银红袄儿，青缎背心，白绫细褶(zhě)裙。——不是别个，却是袭人。

第二十八回　蒋玉菡情赠茜香罗
　　　　　　薛宝钗羞笼红麝(shè)串

◎ 到了屋里，凤姐命人取过笔砚纸来，向宝玉道："大红妆缎四十匹，蟒缎四十匹，上用纱各色一百匹，金项圈四个。"

第五十七回　慧紫鹃情辞试忙玉
　　　　　　慈姨妈爱语慰痴颦(pín)

◎ 一面说，一面见他穿着弹墨绫薄绵袄，外面只穿着青缎夹背心，宝玉便伸手向他身上摸了一摸，说："穿这样单薄，还在风口里坐着，看天风馋，时气又不好，你再病了，越发难了。"

第六十八回　苦尤娘赚入大观园
　　　　　　酸凤姐大闹宁国府

◎ 尤二姐一看，只见：头上皆是素白银器，身上月白缎袄、青缎披风，白绫素裙；眉弯柳叶，高吊两梢，目横丹凤，神凝三角；俏丽若三春之桃，清洁若九秋之菊。

第一百五回　锦衣军查抄宁国府　骢(cōng)马使弹劾(hé)平安州

◎ 绸缎一百三十卷,纱绫一百八十卷,羽线绉三十二卷,氆氇(pǔlu)三十卷,妆蟒缎八卷,葛布三捆,各色布三捆,各色皮衣一百三十二件,棉夹单绢衣三百四十件。玉玩三十二件,带头九副,铜锡等物五百余件,钟表十八件,朝珠九挂,各色妆蟒三十四件,上用蟒缎迎手靠背三分,官妆衣裙八套,脂玉圈带一条,黄缎十二卷。

看了这些描写,台台一脸疑惑:"姐姐,怎么都是青缎、青缎、青缎……"

"台台说得没错,书中提到最多的就是青缎。还是先说缎吧。缎是应用缎纹组织,绸面平滑光亮的织品,品种很多,用途广泛,适用于各种服饰。缎类织物加工技术非常复杂,织物外观绚丽多彩,工艺水平十分高级。"

苏州市工商档案管理中心馆藏古香缎

"那青缎就是青色的缎？"兰兰还没说完，台台插话道。

兰兰笑道："不是哦，青缎是黑色的缎子，就像我们会将黑发说成'青丝'一样，这里的'青'是黑色的意思。青缎属于不提花的平纹缎。《红楼梦》中丫鬟、媳妇们穿的背心大多是青缎做的；青缎还可以制成陈设物品，如靠背引枕、靠背坐褥；青缎还是做靴子的主要用料，比如宝玉穿的靴子。"

"哦，原来是这样啊！那妆缎、蟒缎又是什么？"

"妆缎又叫妆花缎，是非常华丽的缎料，它是运

用挖花技术,具有特定组织结构的多彩重纬缎地提花丝织物,花纹配色非常自由,具有强烈的艺术效果。妆缎是明清时期宫廷专用丝织品,是上用缎匹的一种。蟒缎是妆缎中织有龙蟒纹的一种,属于高档富贵的服饰用料,普通人家是不能享用的。清代满族服饰质料有严格规定,不可以随便使用,五品官以下是不得用蟒缎、妆缎的。"

台台不禁感叹:"贾府真富有啊!"

"那是,所谓'贾不假,白玉为堂金做马'嘛。"

"什么假不假的?"台台一脸茫然。

兰兰笑道:"这是书中写到的护官符,是说贾、史、王、薛四大家族非常富有。你听好啦,'贾不假,白玉为堂金做马;阿房宫,三百里,住不下金陵一个史;东海缺少白玉床,龙王来请金陵王;丰年好大雪,珍珠如土金如铁'。"

"哈哈,真有意思!姐姐好厉害!"台台欢呼道,"不过书中人物好多啊,你前面提到的我都记不住了,只知道宝玉和黛玉。"

"这很正常,《红楼梦》人物众多,需要多读几遍才能记住哦。而且这么经典的作品是需要反复欣赏的。"兰兰安慰台台。

"姐姐,'绫罗绸缎'我们都看了,书里还有其他丝绸品种吗?"

"当然有啦,书中丝绸品种多着呢。还记得江南三织造中苏州织造的绝活吗?"兰兰问台台。

台台嘟着嘴想了一会儿,说:"丝绸上的雕刻艺术,叫、叫什么来着?我刚才还说的呢。"

兰兰笑道:"缂丝啊。"

"对对对。"台台直点头。

《红楼梦》之"刻丝"

兰兰台台带你读红楼

第三回 托内兄如海酬训教
接外孙贾母惜孤女

◎ 这个人打扮与姑娘们不同,彩绣辉煌,恍若神妃仙子:头上戴着金丝八宝攒(cuán)珠髻,绾(wǎn)着朝阳五凤挂珠钗,项上戴着赤金盘螭(chī)璎珞(yīngluò)圈,身上穿着缕金百蝶穿花大红云缎窄褃(kèn)袄,外罩五彩刻丝石青银鼠褂,下着翡翠撒花洋绉裙。

第六回 贾宝玉初试云雨情
刘姥姥一进荣国府

◎ 那凤姐家常带着紫貂昭君套,围着那攒珠勒子,穿着桃红撒花袄,石青刻丝灰鼠披风,大红洋绉银鼠皮裙,粉光脂艳,端端正正坐在那里,手内拿着小铜火箸儿拨手炉内的灰。

第五十一回 薛小妹新编怀古诗
胡庸医乱用虎狼药

◎ 凤姐看袭人头上戴着几枝金钗珠钏(chuàn),倒华丽;又看身上穿着桃红百子刻丝银鼠袄子,葱绿盘金彩绣绵裙,外面穿着青缎灰鼠褂。

兰兰问台台:"台台,你还记得缂丝有什么特点吗?"

台台拧着眉头思考了半天,终于组织出两句话:"缂丝是经线不断、纬线要变换的。还有,缂织过程中会用到镜子,成品正反两面图案是一样的。"

苏州市工商档案管理中心馆藏清代缂丝"三条屏"(局部)

看着台台严肃又认真的样子,兰兰呵呵笑道:"台台不错啊,主要特征说出来了。姐姐再详细和你说一下吧。缂丝质地厚重,织法奇巧,以平纹为基础组织,用通经断纬方法织造图案。织品正反面具有相同的艺术效果,花纹和地纹连接处出现明显的断痕,像刀具镂刻一般,效果别具一格。缂丝工艺非常复杂,一般也是达官贵人才能享用的。贾府那么富有,穿缂丝的人并不多。你看,那两件缂丝的主人是贾府的大管家凤姐。"

"姐姐,你说得不对,还有一件缂丝是袭人的。你前面说她是丫鬟呀,怎么她也有缂丝衣服呢?"台台不禁得意起来,调皮地朝姐姐眨眼睛。

"我看看呢。"兰兰仔细阅读起来,"台台,你看你这粗心的毛病又犯了,你过来仔细看。"

"啊?哦!原来袭人的三件衣裳都是太太赏的,这就不奇怪了。"台台不好意思地低下了头。

"台台,你看,《红楼梦》中描写的丝绸品种可真多,除了绫、罗、绸、缎、缂丝,还有很多很多。"兰兰看着台台涨红的脸,故意转移话题。台台马上又活跃起来:"对,我就看到好多处写'锦'的,我来找给你看。"

《红楼梦》之「刻丝」

《红楼梦》之"锦"

兰兰台台带你读红楼

第六回 贾宝玉初试云雨情
刘姥姥一进荣国府

◎ 只见门外铜钩上悬着大红撒花软帘,南窗下是炕,炕上大红毡条,靠东边板壁立着一个锁子锦的靠背和一个引枕,铺着金线闪的大坐褥,旁边有银唾盒。

第五十三回 宁国府除夕祭宗祠
荣国府元宵开夜宴

◎ 众人围随着贾母至正堂上影前,锦幔高挂,彩屏张护,香烛辉煌。

评女传巧姐慕贤良
玩母珠贾政参聚散

◎ 大家打开看时,原来匣内衬着虎纹锦,锦上叠着一束蓝纱。

"台台还知道'锦'是丝绸的一种啊?"兰兰很惊奇。

台台神气地说:"参观江宁织造的时候,我听到人们在说什么云锦呢。"

"真是个小机灵。"兰兰笑了,"那你再和姐姐说说'锦'有什么特征呢?"

台台的脸立马变成了苦瓜脸:"这个我就不知道了。"

兰兰笑道:"姐姐告诉你吧。锦,是用多色丝线织成的绚丽多彩的色织提花丝织物,有经起花和纬起花两种,分别叫经锦和纬锦。锦的织造工艺非常复杂,所以锦在我国历史上一直作为华贵的代名词,有'寸锦寸金'的说法。汉代刘熙写的《释名》一

《红楼梦》之「锦」

书中对它的解释是'锦,金也,作之用功重于其价如金,故其制字帛与金也'。我国著名的锦有宋锦、蜀锦、云锦,它们被称为'三大名锦'。"

苏州市工商档案管理中心馆藏装饰锦

台台嘴里嘀咕:"我只听见他们说'云锦',却不知道原来它是三大名锦之一啊。"

兰兰继续说道:"有很多关于锦的成语,如锦衣玉食、锦绣前程、衣锦还乡、繁花似锦等。这些成语中,锦表达的都是豪华、昂贵、美好的意思,这也是千百年来锦给世人留下的印象。"

"姐姐,还是你了解得多,真的有这么多关于锦的成语呢!"台台赞叹道。

兰兰微笑道:"台台,看了这么多丝绸品种,我考考你,你知道丝绸一共有多少类吗?"

"绫、罗、绸、缎、锦、缂丝,还有什么?"台台扳着手指头。

"我来告诉你吧,丝织品依据组织结构、原料、工艺、外观及用途,分成14大类,包括纱、罗、绫、绢、纺、绡、绉、锦、缎、绨、葛、呢、绒、绸。"兰兰一口气全说了出来。台台在旁边吃惊地瞪大了眼睛,他觉得姐姐真是太厉害了。

不过台台可不想轻易认输,他狡黠地说道:"姐姐,你说的这些都是丝绸品种,那丝绸图案有哪些呢?比如龙袍上会有龙,那会不会有酷酷的拉布拉多犬啊?"

兰兰哈哈大笑:"现在人们的思想比较开放,衣服上的图案内容丰富,有些非常有个性,但是古时候可不是这样的,丝绸上的图案也叫纹样,这些纹样可不是随意使用的,用错了后果可能非常严重哦。"

"有这么严格吗?"台台半信半疑。

兰兰看台台不相信,补充道:"你说皇帝龙袍上的龙能乱用吗?还有,文官和武官的补子、不同级别

的补子纹样都不一样,你说能乱用吗?"

"不、不能吧。"台台张大了嘴巴,若有所悟,接着问,"姐姐,龙袍我还知道一点,补子是个什么东西啊?"

兰兰想了想,说:"补子是缀于品官补服前胸后背之上的一块织物,古装电视剧里一般会看到。明清两代官吏常服的胸前和背后都有补子,借补子纹样表示官职等级。一般文官补子的图案用禽类,表示文明;武官补子图案用兽类,表示威猛。比如清代文一品官补子纹样是仙鹤,文二品官补子纹样是锦鸡,文三品官补子纹样是孔雀。"其他的兰兰也记不清了,她求助了电脑,很快找到了答案,接着说道,"文四品官补子:云雁;文五品官补子:白鹇(xián);文六品官补子:鹭鸶(lùsī);文七品官补子:鸂鶒(xīchì);文八品官补子:鹌鹑(ānchún);文九品官补子:练雀。"

台台摇了摇脑袋:"姐姐,这个好复杂,看来纹样真不能乱用。我们还是看看《红楼梦》里写了哪些纹样吧。"

"这个建议好。先看什么呢?"兰兰有些犹豫。

苏州市工商档案管理中心馆藏缂丝文官补子(一品至九品)

"花呗!我看衣服上出现最多的图案就是花了。"台台倒是很干脆。

兰兰连连点头:"有道理,就这么办!"

《红楼梦》之「锦」

《红楼梦》里的苏州丝绸记忆

《红楼梦》之花卉纹样

兰兰台台带你读红楼

第三回 托内兄如海酬训教
接外孙贾母惜孤女

◎ 这个人打扮与姑娘们不同,彩绣辉煌,恍若神妃仙子:头上戴着金丝八宝攒珠髻,绾着朝阳五凤挂珠钗,项上戴着赤金盘螭璎珞圈,身上穿着缕金<u>百蝶穿花</u>大红云缎窄裉袄,外罩五彩刻丝石青银鼠褂,下着翡翠撒花洋绉裙。

◎ 头上戴着束发嵌宝紫金冠,齐眉勒着二龙戏珠金抹额,穿一件二色金<u>百蝶穿花</u>大红箭袖,束着五彩丝攒花结长穗宫绦,外罩石青起花八团倭(wō)缎排穗褂,登着青缎粉底小朝靴。

第四十回　　史太君两宴大观园
　　　　　　　金鸳鸯三宣牙牌令

◎ 凤姐忙道:"昨儿我开库房,看见大板箱里还有好些匹银红蝉翼纱,也有各样折枝花样的,也有流云卍福花样的,也有百蝶穿花花样的,颜色又鲜,纱又轻软,我竟没见过这样的。拿了两匹出来,作两床绵纱被,想来一定是好的。"

◎ 东首便设着卧榻,拔步床上悬着葱绿双绣花卉草虫的纱帐。

第四十五回　　金兰契互剖金兰语
　　　　　　　风雨夕闷制风雨词

◎ 黛玉看脱了蓑衣,里面只穿半旧红绫短袄,系着绿汗巾子,膝上露出油绿绸撒花裤子,底下是掐金满绣的绵纱袜子,靸(sǎ)着蝴蝶落花鞋。

第五十三回　　宁国府除夕祭宗祠
　　　　　　　荣国府元宵开夜宴

◎ 一色皆是紫檀透雕,嵌着大红纱透绣花卉并草字诗词的璎珞(yīngluò)。

《红楼梦》之花卉纹样

台台有所发现:"姐姐,好几处都是'百蝶穿花'哦,想想就很漂亮。"

兰兰附和道:"台台说得很对,人们都喜爱美好漂亮的事物。花卉纹样是经久不衰的,加工技法或织或绣,生动有趣。美丽的花儿搭配翩翩起舞的蝴蝶,显示出一片春意盎然的景象,当然非常漂亮啦。"

苏州市工商档案管理中心馆藏百蝶穿花纹样织物

台台认真地听姐姐讲,不禁感慨道:"看来爱美之心,人皆有之,古时候人们就喜爱花,现在的衣服上还是有很多花卉的图案。姐姐,你说花卉纹样一般都会是什么花呢?"

"种类还是蛮多的,比如代表'花开富贵'的牡丹、代表'玉堂富贵'的玉兰花、代表'花中佳人'的兰花、代表'花中隐者'的菊花、象征清雅的水仙花,还有一些将几种花卉混合使用的,比如经常放在一起的代表'四君子'的梅、兰、竹、菊。"兰兰一下子说了好多。

"这些花还真的经常会出现在衣服上呢,原来都是有特别的意义啊。姐姐,我们再找找其他的纹样吧,你说会不会有小动物的纹样,比如拉布拉多犬啊?"台台念念不忘他的小狗狗。

兰兰很无奈:"你就知道拉布拉多。没有拉布拉多,蝙蝠倒是有。"

台台满脸狐疑:"真的假的呀?姐姐你骗我的吧?"

"我是说真的,没骗你。"兰兰笑道。

"蝙蝠又不漂亮,为什么要设计这种纹样啊?"台台穷追不舍。

兰兰耐心解释:"因为蝙蝠的'蝠'和幸福的'福'音是一样的,人们就用蝙蝠的形象象征幸福啊。"

"原来是这样。"台台恍然大悟。

"我们还是找找看书里还写了哪些纹样吧!"兰兰继续翻动书页。

《红楼梦》之吉祥纹样

兰兰台台带你读红楼

第十七至十八回　　大观园试才题对额
　　　　　　　　　　荣国府归省庆元宵

◎ 一队队过完,后面方是八个太监抬着一顶金顶金黄绣凤版舆(bǎnyú),缓缓行来。

◎ 原来贾母的是金玉如意各一柄,沉香拐柱一根,伽楠念珠一串,"富贵长春"官缎四匹,"福寿绵长"官绸四匹,紫金"笔锭如意"锞十锭,"吉庆有鱼"银锞十锭。

情切切良宵花解语
第十九回　意绵绵静日玉生香

◎ 据他说,他母亲养他的时节做了个梦,梦见得了一匹锦,上面是五色富贵不断头卍字的花样,所以他的名字叫作卍儿。

绣鸳鸯梦兆绛芸轩
第三十六回　识分定情悟梨香院

◎ 说着,一面又瞧他手里的针线,原来是个白绫红里的兜肚,上面扎着鸳鸯戏莲的花样,红莲绿叶,五色鸳鸯。

薛小妹新编怀古诗
第五十一回　胡庸医乱用虎狼药

◎ 凤姐看袭人头上戴着几枝金钗珠钏,倒华丽;又看身上穿着桃红百子刻丝银鼠袄子,葱绿盘金彩绣绵裙,外面穿着青缎灰鼠褂。

宁国府除夕祭宗祠
第五十三回　荣国府元宵开夜宴

◎ 尤氏上房早已袭地铺满红毡,当地放着象鼻三足鳅沿鎏(liú)金珐琅(fàláng)大火盆,正面炕上铺着新猩红毡,设着大红彩绣云龙捧寿的靠

背引枕外,另有黑狐皮的袱子搭在上面,大白狐皮坐褥,请贾母上去坐了。

第六十二回　憨湘云醉眠芍药裀(yīn)
　　　　　　　呆香菱情解石榴裙

◎ 宝玉方低头一瞧,便"嗳呀"了一声,说:"怎么就拖在泥里了?可惜这石榴红绫最不经染。"

台台纳闷:"姐姐,这里又有龙又有凤,还有什么鸳鸯戏莲,什么百子,还有这个像符号一样的,我还不认识,这些纹样还真奇怪。"

兰兰一点没觉得奇怪:"这些都是经典的纹样啊,它们寄托了人们对美好生活的向往,富有吉祥的寓意。所以可以称它们为吉祥纹样。"

"我知道龙哦,皇帝的龙袍上就有。"

"哈哈,那是因为我们参观了江宁织造,知道它们的绝活就是织龙袍。"兰兰紧接着问,"那你知道凤吗?"

台台摇摇头。

兰兰一副小老师的模样:"姐姐告诉你吧。凤指的是凤凰。远古时候,凤凰是氏族部落图腾,后来一直被人们称为吉祥鸟、幸福鸟。因为牡丹被誉为富贵花,所以凤凰经常与牡丹搭配,称为凤戏牡丹纹样,寓意吉祥富贵。这种纹样是我国老百姓最喜闻乐见的题材之一,经常被用作婚庆大典的装饰花纹。当然,凤凰也经常与龙一起使用,代表着吉祥如意,俗话说'龙凤呈祥'嘛。不过古时候龙凤纹样可不是随意使用的,它们都是高贵身份的象征。你看,元妃坐的轿子上才有凤凰。"

"我知道龙纹肯定不能随意使用,皇帝穿的龙袍上才能用呢。"台台终于找到说话的机会了。

兰兰笑说:"看来没有白去江南三织造,不过台台只说对了一半哦!"

"啊,我说的哪儿不对啦?"台台不解。

"龙纹主要用于皇帝的衣服,不过官员也是可以使用的,只是有非常严格的规定。《大清会典》中就有记载:'凡五爪龙缎立龙缎团补服……官民不得穿用……若颁赐五爪龙缎立龙缎,挑去一爪穿用。'所以,龙可以分为五爪龙和四爪龙哦。"兰兰引经据典地解释道。

"原来龙还分五爪和四爪啊!"台台像是发现了新大陆。

"是啊,我国民间历来习惯将五爪龙形称为'龙',将四爪龙形称为'蟒'。所以只有皇帝的龙袍才有五爪,官员的只有四爪,称为蟒袍。而且颜色也有规定,除了皇帝御赐的黄马褂外,官员的蟒袍不能用金黄色。"兰兰这个老师当得有模有样。

台台情不自禁地感叹道:"真是严格啊!姐姐,这个字读什么啊?"

兰兰看了看台台手指的地方,说道:"哦,这个字读wàn,同时也是一种纹样,叫万字纹,原来是古代的一种符咒、护符或佛教标志。有一种说法是武则天赋予了这种花样'万'的读音,表示'万德吉祥',将它连续组合、无限延续,便表达出'万寿无疆'的意思。武则天一共造了约20个字,这些字大都随她的王朝衰亡而烟消云散,但是这个'卍'字却因为美好的寓意被流传下来,成为中国特有的传统纹样。"

台台越来越崇拜姐姐了:"姐姐真棒!"不过他突然想到姐姐说的蝙蝠,便问:"姐姐,我们找的纹样里有没有蝙蝠啊?"

"有啊。元妃省亲时赏赐给贾母的'富贵长春'宫缎、'福寿绵长'宫绸上就有啊。'富贵长春''福寿绵长'纹样都是清代流行的吉祥纹样,上面有牡丹花、蝙蝠、桃子等图案。牡丹花寓意'富贵',蝙蝠谐音'福',桃子喻指'寿'。从赐品的纹样上,就可以体会元妃的良苦用心,饱含着对祖母富贵长寿的美好祝愿,对家族兴旺发达、荣华永继的祈祷。"

苏州市工商档案管理中心馆藏福寿纹宋锦

"原来是这样啊。姐姐,这些纹样好丰富啊,又是鸳鸯戏莲,又是百子、石榴。"台台都看花了眼。

兰兰赞同地说:"一点没错,我国的丝绸纹样多种多样,表达了人们对幸福生活的向往。荷花与鸳鸯组合表达了圆满喜庆、天配良缘、家庭圆满的美好愿景;百子寄托多子多孙、人丁兴旺、幸福美满的心愿。姐姐考考你,石榴纹样有什么寓意?"

"石榴有什么特别的意思?石,榴,好像也不和什么谐音啊。"台台想不通,"难道因为它好吃,酸酸甜甜味道好?"

"你就知道吃,提示一下,想想百子纹。"

"百子纹?"台台还是不懂。

兰兰耐心引导:"石榴籽多不多?"

台台高兴地嚷道:"我知道了,多子多孙,和百子纹一样。"

"答对了,真聪明。台台,我们说的这些都是纹样的题材,纹样还有不同的构图形式,比如折枝、穿枝、缠枝、散花、团花等。《红楼梦》中出现较多的是团花和散花。"

"那我们再在书中找找吧。"台台说着已经行动起来。

《红楼梦》之吉祥纹样

《红楼梦》之团花纹样

兰兰台台带你读红楼

第三回 托内兄如海酬训教
接外孙贾母惜孤女

◎ 头上戴着束发嵌宝紫金冠,齐眉勒着二龙戏珠金抹额,穿一件二色金百蝶穿花大红箭袖,束着五彩丝攒花结长穗宫绦,外罩石青起花八团倭缎排穗褂,登着青缎粉底小朝靴。

第五十一回 薛小妹新编怀古诗
胡庸医乱用虎狼药

◎ 一面说,一面只见凤姐命平儿将昨日那件石青刻丝八团天马皮褂子拿出来与了袭人。

"什么是团花啊,姐姐?"台台问道。

兰兰想了想,说:"团花可能就是那种圆形样式的花纹吧,具体我也不清楚。我们还是上网查查吧。"

台台也凑到电脑前,很快就找到了答案:"姐姐,'团花是把单位纹样组合成圆形或类圆形,结构是以旋转和对称两种形态为主,但同时又具有多样性。团花纹样可以是各种题材的适合纹样,不仅仅限于花卉纹样。'"

苏州市工商档案管理中心馆藏米色地团窠花卉纹彩库锦

兰兰点了点头："你看,这两处'八团'就是团花式构图,在布料底面或织或绣八个彩团。台台,你知道团花有什么寓意吗?"

"呃,寓意?"台台摸了摸头,"是不是团团圆圆的意思?"

兰兰笑道:"基本答对了,团花最基础的形式特征就是圆,它体现了人们对事物完美无缺的追求,蕴含着中国文化中的圆融、和谐的意义。团花纹样的结构、题材有很多种呢,我们以后继续注意观察吧。"

"姐姐,真想不到薄薄的丝绸里竟有这么多的故事!"台台感叹道。

"我国栽桑养蚕的历史非常久远,薄薄的丝绸里可承载着厚重的丝绸文化哦!"兰兰认真地对台台说道。

台台用力点了点头:"姐姐说得对,所以我们还有好多知识需要学习。"

兰兰呵呵地笑:"我们再找找散花吧,不过书中用的是'撒花'这种说法,实际上就是采用了散花的构图手法。"

"明白。"说着,台台迅速在书中搜寻"撒花"二字。

《红楼梦》之撒花纹样

 ## 兰兰台台带你读红楼

第三回 托内兄如海酬训教
接外孙贾母惜孤女

◎ 身上穿着银红撒花半旧大袄,仍旧带着项圈、宝玉、寄名锁、护身符等物,下面半露松绿撒花绫裤,锦边弹墨袜,厚底大红鞋。

第六回 贾宝玉初试云雨情
刘姥姥一进荣国府

◎ 只见门外铜钩上悬着大红撒花软帘,南窗下是炕,炕上大红毡条,靠东边板壁立着一个锁子锦的靠背和一个引枕,铺着金线闪的大坐褥,旁边有银唾盒。那凤姐家常带着紫貂昭君套,围着那攒珠勒子,穿着桃红撒花袄,石青刻丝灰鼠披风,大红洋绉银鼠皮裙,粉光脂艳,端端正正坐在那里,手内拿着小铜火箸儿拨手炉内的灰。

第二十六回　蜂腰桥设言传心事
　　　　　　　潇湘馆春困发幽情

◎ 又进一道碧纱橱,只见小小一张填漆床上,悬着大红销金撒花帐子。

第五十八回　杏子阴假凤泣虚凰
　　　　　　　茜纱窗真情揆(kuí)痴理

◎ 那芳官只穿着海棠红的小棉袄,底下丝绸撒花袷(jiá)裤,敞着裤脚,一头乌油似的头发披在脑后,哭的泪人一般。

第六十三回　寿怡红群芳开夜宴
　　　　　　　死金丹独艳理亲丧

◎ 当时芳官满口嚷热,只穿着一件玉色红青酡(tuó)绒三色缎子斗的水田小夹袄,束着一条柳绿汗巾,底下水红撒花夹裤,也散着裤腿。

"姐姐,我来告诉你什么是散花吧?"刚才查完"团花"后,台台顺便查了"散花","'散花以小碎花为单位纹样,满地铺陈,自由散点排列。散花不像团花要遵循特定规则。散花纹样的结构松散,构图自由,风格活泼,变化多端却不失和谐。'"

"台台,你发现了吗?凤姐、宝玉、芳官都是很有个性的,凤姐张扬,宝玉、芳官都具有叛逆性格,他们的衣物用不拘一格的散花构图,与他们的形象很契合。"

台台想了想,又摇了摇头,他不太能理解。

兰兰娓娓道来:"凤姐个性自负,机智灵透,用散花纹样来陪衬她非常妥帖。芳官是贾府从苏州买来的戏班成员,戏班解散后成了宝玉的丫鬟。第五十八回,芳官因为洗头发不满于干娘的偏心而奋起反抗,结果遭到干娘的打骂,委屈的样子让人怜惜,不过仍然透着果敢不低头的精神。散花纹样衬托出芳官不畏世俗、追求自主的刚直性情。第六十三回写的是群芳夜宴中芳官的装扮,率真可爱、热情恣肆的少女形象呼之欲出。宝玉和芳官虽为主仆,但两人还是有很多相似之处的,众人笑说他们两个像一对双生的弟兄。其实,两人于形似之外,更是神似:大胆而单纯,强烈自觉的反抗意识,悖逆世俗的叛逆个性,执着地追求人性自由和美好。三位特立独行的人物,其着装都用了不拘一格的散花纹样,他们的个性和行为一定程度上印证了散花纹样的风格特征。"

苏州市工商档案管理中心馆藏芳官散花纹样裤子图稿

台台想了想,说:"看电视剧里面演的,凤姐和宝玉真是这样的性格,芳官我就不知道了。"

"等你看过书就知道了。不过这本书要看好几遍才能体会比较深,有些学者一辈子都在研究这本书呢。"

"啊?"台台张大了嘴巴。

兰兰笑道:"不用惊奇,经典是值得一辈子研读的。"

台台还沉浸在感慨中,兰兰又问:"台台,你知道《红楼梦》中关于丝绸的描写,除了我们已经找的品种、纹样,还有什么吗?"

台台绞尽脑汁,还是想不出。

"你有没有注意到电视剧里女孩子经常做什么手工,她们拿着针线在干吗?"

台台挠了挠头:"我没注意呢,她们是在缝衣服吗?"

兰兰忍俊不禁:"那叫刺绣。我记得《红楼梦》中有一大段关于苏绣的描写,我们一起来看看吧。"

《红楼梦》之苏绣

兰兰台台带你读红楼

第五十三回 宁国府除夕祭宗祠
荣国府元宵开夜宴

◎ 原来绣这璎珞的也是个姑苏女子,名唤慧娘。因他亦是书香宦门之家,他原精于书画,不过偶然绣一两件针线作耍,并非市卖之物。凡这屏上所绣之花卉,皆仿的是唐、宋、元、明各名家的折枝花卉,故其格式配色皆从雅,本来非一味浓艳匠工可比。每一枝花侧皆用古人题此花之旧句,或诗词歌赋不一，皆用黑绒绣出草字来，且字迹勾踢、转折、轻重、连断皆与笔草无异，亦不比市绣字迹板强可恨。他不仗此技获利，所以天下虽知，得者甚少，凡世宦富贵之家，无此物者甚多，当今便称为"慧绣"。竟有世俗射利者，近日仿其针迹，愚人获利。偏这慧娘命夭，十八岁便死了，如今竟不能再得一件的了。凡所有之家，纵有一两件，皆珍藏不用。更有那一干翰林文魔先生们，因深惜"慧绣"之佳，便说这"绣"字不能尽其妙，这样针迹说一"绣"字，反似乎唐突了，便大家商议了，将"绣"字便隐去，换了一个"纹"字，所以如今都称为"慧纹"。若有一件真"慧纹"之物，价则无限。贾府之荣，也只有两三件，上年将那两件已进了上，目下只剩这一副璎珞，一共十六扇，贾母爱如珍宝，不入在请客各色陈设之内，只留在自己这边，高兴摆酒时赏玩。又有各色旧窑小瓶中都点缀着"岁寒三友""玉堂富贵"等鲜花草。

"姐姐,你不是说找'苏绣'吗?这么一大段写的都是'慧绣'啊!"台台有点不解。

兰兰解释道:"因为慧娘是苏州女子,这里的'慧绣'其实就是苏绣。"兰兰想着怎样说能让台台比较容易理解,"还是先说什么是刺绣吧。刺绣是针线在织物上绣制的各种装饰图案的总称,就是以针引线,按照设计要求进行穿刺,通过运针将绣线组织成各种图案的一种技艺。刺绣是中国民间传统手工艺之一,在中国至少有两三千年历史。刺绣中最著名的有苏绣、粤绣、蜀绣、湘绣,人们称之为'四大名绣'。其中又以苏绣为冠,其特点是图案秀丽、色彩文雅、针法丰富、绣工精细。日常生活中经常会用到刺绣,比如服装、床上用品、台布、艺术品装饰等。清代是苏绣的鼎盛时期,家家户户,无论是富家还是贫户,都会刺绣,绣品按出处大致可分为:民间绣、闺阁绣和宫廷绣。闺阁绣一般是富家闺秀创作的。富家闺秀用刺绣消遣时光,陶冶性情,她们以国画为绣稿,精工细绣。因为有书法、绘画的功底和鉴赏能力,闺阁绣一般色调雅致,图案生动,再绣上诗词,博得不少文人墨客的赞扬。"

苏州市工商档案管理中心馆藏苏绣《青花瓷瓶》

台台充满自信地说:"那慧绣肯定是闺阁绣啦。"

"没错,台台真聪明。因为慧娘出生于书香宦门之家,精于书画,而且不以绣作牟利,只为消遣,绣品内容又是仿前人的折枝花卉,并绣上题花的诗句,可见她的作品应是闺阁绣中的精品啦。"

台台感叹道:"姐姐,慧娘真是心灵手巧!"

"是的呀,慧娘精湛的刺绣技艺离不开苏州这块沃土。苏州是丝绸之府,可以说是'家家养蚕,户户刺绣'。在这种氛围的熏陶下,苏州的女子都是刺绣的好手啊。慧娘其实是苏州绣娘们的一个缩影。"

"姐姐,这一大段都是讲的苏绣,那书中有没有写其他的刺绣啊?"台台的小脑袋里装满了问号。

"当然有啦,刺绣是非常普遍的。以前女子都要做针线活,所以女孩子的房间被称为'绣房''绣户'。刺绣是女孩子日常生活中重要的活动。你看,书中就有几处这样的描写:第四十一回,刘姥姥说'怨不得姑娘不认得,你们在这金门绣户的,如何认得木头';第二十四回,香菱寻宝钗不着,倒见着了黛玉,正巧紫鹃也在找黛玉,香菱就同黛玉一同回潇湘馆闲聊,'他们有甚正事谈讲,不过说些这一个绣的好,那一个刺的精,又下一回棋,看两句书,香菱便走了'。刺绣是女孩子闲谈时的重要话题,更加表明这是她们的日常活动……"兰兰还要继续举例,被台台给打断了。

"姐姐,你说的这些都是泛泛地谈刺绣的,有没有更具体一点的?"

看着台台充满期待的眼神,兰兰努力在脑海里搜索着:"有了,书中有好几处写到盘金绣,姐姐找给你看。"

《红楼梦》里的苏州丝绸记忆

《红楼梦》之盘金绣

兰兰台台带你读红楼

第四十九回　琉璃世界白雪红梅
　　　　　　　脂粉香娃割腥啖膻(dàn shān)

◎ 只见他里头穿着一件半新的靠色三镶领袖秋香色盘金五色绣龙窄褙小袖掩衿(jīn)银鼠短袄，里面短短的一件水红妆缎狐肷(qiǎn)褶子，腰里紧紧束着一条蝴蝶结子长穗五色宫绦，脚下也穿着鹿皮小靴，越显的蜂腰猿背，鹤势螂形。

第五十一回　薛小妹新编怀古诗
　　　　　　　胡庸医乱用虎狼药

◎ 凤姐看袭人头上戴着几枝金钗珠钏，倒华丽;又看身上穿着桃红百子刻丝银鼠袄子,葱绿<u>盘金</u>彩绣绵裙,外面穿着青缎灰鼠褂。

第五十二回　俏平儿情掩虾须镯　勇晴雯病补雀金裘

◎ 贾母见宝玉身上穿着荔色哆罗呢的天马箭袖,大红猩猩毡<u>盘金</u>彩绣石青妆缎沿边的排穗褂子。

台台一脸茫然:"姐姐,这里的'盘金'是什么意思啊?"

兰兰耐心解释道:"'盘金'是刺绣的传统针法之一,苏绣中也会经常用到呢。盘金绣是选择两种色彩深浅不一的金线,利用一深一浅或金黄、红黄在同一面料上的色差变化,来展示两种颜色结合的特殊美感,以增加视觉效果。绣娘们大多将盘金绣工艺和其他刺绣工艺相结合,用在同一件服饰上,增加服饰的艳丽效果。你看这几处都是将金线绣在衣服上,给人一种富丽堂皇的感觉,也体现了贾府的奢华。"

台台似懂非懂地点了点头,但他还有疑问:"姐

姐,针法又是什么意思啊?"

"针法是刺绣中运针的方法,也是线条组织的形式。每一种针法都有一定的组织规律与独特的表现效果,选用合适的针法能恰当地表现刺绣物体的质感。就拿苏绣来说,针法大类可以分为平绣类、条纹绣类、点绣类、编绣类、网绣类等,细分则有几十种,如平绣类又分为齐针、戗针、套针等,条纹绣又分为接针、切针、拉锁子、平金、盘金等。"

台台眼前一亮:"我猜苏绣中的盘金绣就是条纹绣的一种。"

兰兰夸赞:"答对了,台台很棒哦!"

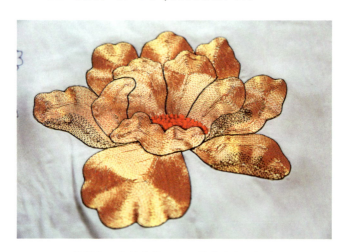

苏州市工商档案管理中心馆藏盘金绣样本

听了姐姐的夸奖,台台美滋滋的。他无限感慨地说:"姐姐,真没想到文学名著《红楼梦》里竟然有这么多关于丝绸的描写,既有琳琅满目的丝绸品种,又有寓意丰富的丝绸纹样,还有精美绝伦的丝绸刺绣,曹雪芹真伟大。"

看着台台陶醉的样子,兰兰突然想到了什么,她问台台:"台台,想不想去苏州剧装戏具厂看看?"

台台反问道:"苏州剧装戏具厂?这个厂是做什么的?为什么要去这个厂啊?"

兰兰耐心地给台台解释道:"苏州剧装戏具厂是一家专门生产剧装戏具的工厂,非常有名。我听说这家厂生产了87版《红楼梦》的几千套剧装,非常了不起。"

台台发出了惊叹的声音:"哇,好厉害!几千套服装,就是我们在电视剧中看到的那些服装?姐姐,那我们还等什么呢,快去苏州剧装戏具厂看看好不好?"

兰兰说:"好的,既然你这么喜欢学习,那我们就不妨走一趟苏州剧装戏具厂吧。"

台台快步跳上时空机,兰兰紧随其后。眨眼之间,姐弟俩便来到了位于西百花巷4号的苏州剧装戏具厂。

今日苏州剧装戏具公司

一跳下时空机,台台大呼:"姐姐,这里我们来过啊,去年这个时候我们在这里买过扇子。"

兰兰佯装生气道:"你的那把折扇呢?是不是坏了?不光如此,你还把我的扇子弄坏了呢!哼,淘气鬼台台。"

台台不好意思地摸摸后脑勺:"姐姐,一会儿参观完我用零花钱再买一把送给你。"

兰兰笑着说:"好弟弟,不用啦,姐姐可以自己买,你以后不淘气就好。我们进去看看。"

台台看着厂牌问:"姐姐,你不是说'苏州剧装戏具厂'吗?怎么厂牌上写的是'苏州剧装戏具公司'?"

兰兰解释道:"这个厂以前叫'苏州剧装戏具

厂',2000年的时候改制了,变成了股份合作制企业,厂名就改成'苏州剧装戏具公司'了,不过人们还是习惯叫'苏州剧装戏具厂'。"

姐弟俩走进院内,看见工人师傅们正在往货车上装货,可见该厂如今的销售状况仍然很好。岁月流逝,老厂依旧焕发着生命力。

此时,一位师傅走过来询问姐弟俩:"小朋友们,你们是不是走错路了?需要帮助吗?"

兰兰箭步迎上去:"叔叔好,我们来这里想看看你们厂。我们是慕名而来的,因为看了87版电视

今日苏州剧装戏具公司

剧《红楼梦》,特别喜欢里面的服装,听说电视剧中的衣服是你们这里做的,所以特来拜访,希望没有打扰到你们。"

"是这样啊。没事的,小朋友们,欢迎你们来我们厂参观。没想到你们小小年纪,就能知道我们厂的历史,真是了不起。大老远跑过来,肯定想好好看看我们厂,还有我们厂的一些产品吧。不过我们的生产基地搬到了太湖度假区,而且今天工人们休息,所以你们看不到工人生产剧装和戏服的过程了。那我就带你们参观我们厂的展览间吧,那里陈列着一些制作好的戏服和道具。"师傅听了他们的介绍,答应了姐弟俩的请求。

姐弟俩欣喜地说道:"谢谢叔叔。"

师傅领着他们俩边走边说:"我还是第一次当解说呢,哈哈。我们这就进去参观吧。"

师傅先简单地对苏州剧装戏具厂做了一些介绍:"我们苏州剧装戏具厂成立于 20 世纪 50 年代,当时厂址就在西百花巷 4 号。成立之初是一家集体所有制性质的企业,并且也是当时全国规模最大的一家剧装戏具单位。主要产品有外销丝绸服装、工艺帽、日本和服、拍摄电影和电视剧用的各类服装道具,还有演出阵列用的历代戏剧、舞蹈、民族、婚纱服装等。2000年改制为股份制企业。我们厂的很多档案都保存在苏州中国丝绸档案馆中,如果你们对我们厂的档案感兴趣,也可以去那里查阅。"

师傅一边领着姐弟俩向前走,一边和蔼地说:"你们不知道吧,我们不光做了87版《红楼梦》的剧装,还参与了电影版《红楼梦》的剧装戏具制作呢。根据四大名著拍成的电视剧你们知道还有哪几部?"

台台抢先道:"我知道,我知道,还有《西游记》《水浒传》《三国演义》。"

师傅又问:"你们都看过吗?"

姐弟俩齐刷刷地点了点头。师傅说:"我们厂之前还为其中的两部电视剧做过剧装。你们猜一猜,是哪两部电视剧呢?"

姐姐看了看台台,台台激动地说:"我先来,我先来!一定是《西游记》和《水浒传》。"

师傅看了一眼台台,哈哈大笑:"恭喜你,答错了。"

台台一脸困惑,兰兰思索了一会说道:"那么我猜是《水浒传》和《三国演义》。"

师傅说:"小妹妹真聪明,你答对了,就是《水浒

《红楼梦》里的苏州丝绸记忆

传》和《三国演义》。电视剧《水浒传》的大部分服装都是在我们厂定做的,有几千件吧。具体的数字和电视剧的版本我也不记得了,因为那个时候我还和你们一样大,并没有在这里工作。你们要想知道详细的情况,还是要到苏州中国丝绸档案馆去,我们厂早先的档案都保存在他们那里。至于《三国演义》嘛,我也是听前辈说我们厂定做了一部分剧装。"

说完,他们便来到了厂房附近的一间展览室。只见屋子里摆放着各类剧装戏具产品,大到戏服、

刀具,小到靴子、帽子,样样俱全,真是琳琅满目。台台见状,不经意间发出了感叹之声:"哇哦,好多啊!真壮观!"

师傅看看姐弟俩,问道:"这些东西你们认识吗?这些都是我们厂生产的一些剧装和戏具,并不是电视剧《红楼梦》里面用到的服装。要不我给你们介绍一下吧。"

姐弟俩齐声答道:"好啊好啊,谢谢叔叔。"

台台看到了第一排比较大的看起来像盔甲一样的服装,背后还插着几面旗子,不假思索地说道:"姐姐,这个我认识,这不是戏台子上那些演员穿的盔甲吗?"

一旁的师傅哈哈笑道:"小朋友,这不叫盔甲,这叫男大靠。靠呢,是古代武将的戎服,也叫甲衣,通俗一点叫盔甲也不为过。后面的旗子叫背旗或者背令旗,主要是行军时发布号令用的。靠还分男靠和女靠。这件是男靠,旁边那件小一些的,颜色也更加艳丽的就是女靠。怎么样,小朋友们记住了吗?"

"嗯,我们记住了。"兰兰眨了眨大眼睛回答道。

师傅继续解说道:"别看这些是戏服,其实很昂

今日苏州剧装戏具公司

《红楼梦》里的苏州丝绸记忆

贵的,面料都是选用苏州产的丝绸,而且还会绣上精美的纹样,比如这件就是锦料为面,绸料为里,内衬丝绵。"

接着,他们踱步到另一边,台台看到戏服上有条大龙,便问:"叔叔,这个是龙袍吧?"

师傅回道:"这个不是龙袍,这叫蟒袍,主要是给文武百官穿的,也叫蟒衣。这种蟒衣也有男女之分哦。"

兰兰小声提醒台台:"台台,你怎么忘了,我和你说过的,皇帝的龙袍上是五爪龙,官员穿的只有四爪,称为蟒袍。"

台台一拍脑袋:"对哦,我怎么没想起来。这条龙是四爪的。"

他们还看到了很多汉服,一排排摆放得很整齐。台台喊道:"姐姐,你看这里有汉服,真好看。你好像也有一套呢。"

兰兰很高兴地看着这些汉服:"哇,好美呀!它们虽然不是《红楼梦》的剧装,但是也很漂亮,而且种类齐全。我要继续存零花钱,攒够了买一件,穿上肯定美美的。"

他们看到展览室墙上的宣传栏里张贴着许多照片，其中一张是一顶光彩夺目的皇冠。

台台在众多照片中一眼就看到了这顶帽子，惊叹道："好漂亮啊！好精细的做工啊！"

师傅听到之后，主动向兰兰、台台解说："宣传栏展示的是我们厂历年的精品照片和有关荣誉、奖状等，我们会定期更换。这些荣誉可以激励我们继续生产优质的产品。你们看到的这顶皇冠，它的名字叫仿明皇冠，是以明代皇帝墓出土的皇冠为依据进行仿制的，是20世纪90年代初期的产品。"

"哦,原来明代皇帝戴的帽子是这样的啊,看起来和诸葛亮的帽子差不多,不过多了很多珠子。"台台说道。

师傅继续解说道:"这些可不是普通的珠子,光真金珠就有58粒,还有很多兰纹珠、水晶珠、玛瑙珠等。它的主人是历史上比较有名的皇帝,你们知道是谁吗?"

姐弟俩齐答:"不知道。"

师傅说:"这个皇帝就是万历皇帝,明神宗朱翊(yì)钧。他是明代第13位皇帝,10岁即位,在位48年,是明朝在位时间最长的皇帝。不过明神宗执政后期荒于政事,他在位的时间里有28年都没上过早朝。"

姐弟俩惊讶地张大了嘴巴:"居然还可以这样。"

台台羡慕地说道:"姐姐,我也不想上学。"

"不上学怎么行,你不想同小伙伴一起学知识啦?咱们要学习别人好的方面,坏的方面可不能学,'择其善者而从之,其不善者而改之'。"兰兰批评台台。

台台挠挠头:"姐姐你说的什么意思啊?"

兰兰笑着摇了摇头："你真该好好补补课,我说的是《论语》中的话,意思是我们要选择别人的优点去学习,如果看到别人的缺点,要反省自己有没有像他们一样的缺点,如果我们也有这些缺点,就去改正它。"

师傅向兰兰投去赞赏的目光："小姑娘知道的真多。"接着又对台台说："小朋友,你姐姐说得很对啊!皇帝不上朝对国家肯定不好呀,因为明神宗二十几年不上朝,国家运转几乎停滞,明朝逐渐走向衰亡。"

台台不好意思地低头："我要上学,我一定好好学习。"

师傅笑道："这就对了,真是好孩子。"他继续说道:"明定陵是明代万历皇帝的陵墓,在现在的北京市昌平区天寿山。1956年国家对定陵进行了考古发掘工作,整个考古发掘历时两年多。定陵也是到目前为止唯一一个被考古挖掘的皇陵。你们之所以能看到这顶皇冠,也要归功于那次考古发掘啊。小朋友,你们仔细看看图片,有什么发现吗?"

台台说："我感觉整个皇冠金灿灿的。"

兰兰说："我看簪子上好像有龙的图案。"

师傅夸赞道:"你们观察得很仔细。我们这个皇冠一共用了500多克黄金,所以看起来金灿灿的。金插簪的一端是直径4厘米、厚3厘米的半圆球,球面上刻有精致的双龙戏珠图案。我们厂为了仿制这件皇冠,查阅了大量的历史资料,反复推敲琢磨,在选料、图案、做工等方面都一丝不苟,从投料到完工一共花了270天。最后我们完美地复制了皇冠,仿制的皇冠与明代皇冠几乎一模一样,是难得的精品。虽然当代科学技术很先进,但是由于一些工艺的失传,人们对古代的一些珍品并不能很好地进行复制。我们厂的师傅们正是凭借着执着的探索精神、高超的技艺,才能对这件珍宝进行复制,否则要想复制这件皇冠几乎是不可能的。"

姐弟俩不由得同时发出了惊叹之声。

姐弟俩围绕着这间展览室参观了苏州剧装戏具厂生产的众多产品,大饱了眼福。

参观结束,兰兰、台台向师傅道别:"谢谢叔叔带我们参观,再见。"

师傅向他们挥了挥手:"欢迎下次再来。"

苏州市工商档案管理中心馆藏苏州剧装戏具厂产品照片

姐弟俩走到大门口,台台意犹未尽:"姐姐,他们厂好厉害啊,可惜我们没能看到87版《红楼梦》的服装哎。要不我们再坐时空机回到当年做《红楼梦》剧装的时候吧,我想那个时候的苏州剧装戏具厂一定很热闹很有意思。"

"好啊,那我们快走吧。"

昨日苏州剧装戏具厂

姐弟俩再一次跳上时空机,启动了机器,瞬间便来到了1984年的苏州剧装戏具厂。虽然还是在西百花巷4号,眼前的景象却和之前差异巨大。姐弟俩发现这里不再有那么多高楼大厦了,也看不到几辆汽车,只有自行车清脆的铃声回响在耳边。

姐弟俩再次步入厂内,发现内部变化也很大,厂房变矮了,工人们的衣服也和之前看到的有着很大的不同。但是工人们的热情依旧十分高涨,整个厂区呈现出一派繁荣的景象。姐弟俩能够感受到这种紧张的气氛,犹如大战将至,每个人都在全力以赴地工作。近处厂房的墙壁上写着几个醒目的大字。

台台念叨着:"'安全生产,人人有责。'姐姐,这个怎么和我们的不一样呢?我们都是拉横幅的,他们居然是写在墙上的。"

兰兰想了想说:"我想这种标语就是那个时代的特色吧。那时候很多标语都是刷在墙上的。"

这时的苏州剧装戏具厂正沐浴在改革开放的春风之中。全厂刚刚接到了电视剧《红楼梦》的剧装制作任务,所以工人都铆足了干劲,争取早日完工。一位工人师傅看到两位小朋友,放下手中忙碌的工作,上前询问他俩。

"小朋友们,你们到这里做什么?"师傅问道。

台台答道:"叔叔好,我们看了《红楼梦》的电视剧,非常喜欢里面的服装。听说是你们厂制作的,因此特地来参观。"

"什么?电视剧不是还没开始播放吗?"师傅丈二和尚摸不着头脑。

兰兰赶紧纠正:"不好意思,我弟弟说错了。我们看了曹雪芹写的《红楼梦》,特别喜欢。听说你们厂正在做电视剧《红楼梦》的服装,我们特地来看看。"

师傅摸了摸脑袋:"这样啊,既然你们消息这么灵通,又这么喜欢《红楼梦》,那就进来看看吧。"

昨日苏州剧装戏具厂

姐弟俩欣喜若狂:"谢谢叔叔!"

厂内,工人们挥汗如雨,个个都在忙碌,他们丝毫没有察觉到两位小朋友的到来。

师傅带他们来到了设计室,只见设计师们都在埋头画图,其中一张桌子上铺满了设计图纸。

台台忙问道:"叔叔,这些服装设计图都是你们设计的吗?"

师傅看着设计图说:"不是的。这些是这部电视剧的首席服装设计师史延芹女士设计的。史老师为了准确地为每个人物设计服装,付出了大量心血。她的服装设计充满了中国古典文化气息,符合人物性格特征。她与工人们沟通得很细致,从史老师那里我们也学到了很多知识。"

"姐姐,你看我能认出哪些是贾宝玉的衣服,哪些是林黛玉的衣服呢!"台台高兴地边说边指着这些设计稿,"你看这张红色的服装就是贾宝玉的。贾宝玉别号怡红公子,身份高贵,集万千宠爱于一身,红色衣服可以说是他的'标配'。这张白色的衣服应该是林黛玉的。我说的没错吧?"

兰兰点了点头:"台台好聪明,士别三日当刮目相看啊,调皮鬼台台也变得厉害起来了。我再考考

你,你知道哪些是王熙凤衣服的设计稿吗?"

台台试着从近百幅设计图中寻找答案,不过这难不倒他,他很快就找到了一张,上面画着凤凰。

兰兰说:"还有呢?"

台台有些为难:"姐姐,我找不到了。对于王熙凤,我只知道有凤凰图案的衣服应该是她的。"

兰兰看了看这些设计图,小声对台台说:"我也只能试着找一找,有一些我也不能完全认得出呢,只能依靠我看过的电视剧和书本上留下的印象来找。"兰兰仔细观察着这些设计图并快速地在脑海中回想着电视剧中的服装式样。

看了良久,兰兰笑着告诉台台:"你看这幅,上面有很多蝴蝶和花,还记得百蝶穿花纹样吗?王熙凤就有一件这种纹样的衣服,这幅应该也是王熙凤的。"

师傅点头夸赞道:"这幅确实是王熙凤的,小姑娘不简单啊!"

兰兰腼腆地笑笑,转向另一幅设计图:"你看这幅,淡蓝色调为主,图案纹样也较小,上面只有一点梅花,比较素雅,这应该是林黛玉的,像这种风格的大多是林黛玉的。"

"哇,姐姐好厉害啊!按照姐姐的这种方法基本上就能推测出哪些是林黛玉的衣服了。"台台眼中透着羡慕。

兰兰继续看着设计图:"仔细阅读原著,还是能分得清一些的。再看王熙凤,通过衣服上的凤凰图案可以认得出,但是这只是其中一种方法哦,我们还可以根据王熙凤的性格来寻找。这里面那些视觉冲击较强的,尤其那些瘦腰的服饰基本能断定是王熙凤的。至于薛宝钗的衣服就特别好分辨啦,上面有牡丹图案的十有八九就是她的衣服。"

一旁的师傅也投来了赞许的目光:"好厉害的小朋友,懂得真多,将来你们一定有出息!"师傅继续补充道:"林黛玉出生在书香世家,才气过人,琴棋书画样样精通,是一个才女,她的身世奠定了她清高、孤傲、多愁善感的性格。她虽是个妙龄少女,但很少脂粉气,更多的是书卷气和诗人气质。因此,黛玉的剧装设计里运用了梅、兰、竹、菊的图案,这在影视剧服装里也是首创。王熙凤人称'脂粉堆里的英雄',逞强好胜,因此,她的剧装都进行了最大限度的拉长、收身,剧装花纹线条多运用竖线,同时使用镶金嵌银的方式,目的是更强调竖线

昨日苏州剧装戏具厂

的瘦长感。这些都是为了突出她的地位、富有和强势,体现这个主要人物的鹤立鸡群。薛宝钗的端庄和风韵与牡丹的雍容华贵十分匹配,而且原著中有一回占花名游戏中,她抽到的就是牡丹签,所以她的衣服上大多是牡丹图案。"

"叔叔您才真的厉害呢,对剧中人物了解得真透彻!"姐弟俩瞬间崇拜起师傅来。

师傅谦虚地说道:"我们为了做出精品,所有的工人在开工前都看了一遍《红楼梦》原著,而且很多人看了不止一遍呢。我也看了两遍。"

姐弟俩为工人们的敬业精神所感动。他们看到工作人员在记录一些数据,好奇地问这些数据是做什么用的。

工作人员告诉他们:"这些是演员们衣服的尺寸。为了保证质量,每一套衣服都是量身定制的。现在正值夏季,我们重新为演员们测量尺寸,之前秋天和冬天的服装都已经测量过了。根据剧情需要,有些演员要做春、夏、秋、冬四个季节的服装,特别是一些主要演员的服装多达几十套。"

姐弟俩继续前进,来到另一间设计室,看到了几名设计师正在赶制设计图,一旁的桌子上摆放了

很多设计好的画稿。与之前看到的设计图不同的是,这些画稿上都是一些花纹图案。

台台忙问:"之前不是已经有了设计图吗?怎么还在画啊。"

兰兰看了看台台,再看了看已经完工的设计图,说:"台台,你看,这些都是一些花朵的设计图案啊,不是我们之前看到的那些服装设计图。"接着,兰兰向一位设计师问道:"叔叔,我想问一下,这些图案是做什么用的呢?"

昨日苏州剧装戏具厂

《红楼梦》里的苏州丝绸记忆

设计师答道:"这是底板,将来服装上面的花纹图案都是以我们手绘的底板为基础,然后进行刺绣,最终绣到衣服上的。"

"怪不得我们只看到了图案纹样,原来是这样。"台台恍然大悟,"你们的手真巧,这些图案真漂亮。"

此时兰兰一直在一旁看着这些完工的设计图案,忽然灵光一闪:"台台,姐姐要问你几个问题,测试一下你今天都学到了什么。"

台台有些没底气:"好吧,我试试。"

"台台,你看这幅设计图,单单画了一团梅花,那你想想《红楼梦》中谁的服装上面会用梅花呢?"

台台不假思索地答道:"梅花,那应该是林黛玉衣服上的了,代表她清高。"

"聪明,那你再看这一幅,上面画着兰花,这又会用到谁的服装上呢?"兰兰继续问道。

"梅、兰、竹、菊,花只做点缀,整体素雅,我想只要花朵不大,应该也是林黛玉的。"台台自信地答道。

"那你看这幅梅花,是不是很多很大,这不是给林黛玉设计的吧?"兰兰反问了台台。

台台顿时不自信地疑惑了起来,小声嘀咕了一句:"难道这幅不是吗?"

"你看你,看东西又不仔细了,这幅图上不是写了'林黛玉斗篷'吗?"兰兰指着图边缘的几个小字说。

苏州市工商档案管理中心馆藏林黛玉斗篷图稿

台台不好意思地回答:"好吧,我太粗心了,以后会注意的。"

"台台,下面的一些图就不用我考你了吧,凤凰是王熙凤衣服上的,牡丹是薛宝钗服装上的设计图。"兰兰继续说道。

苏州市工商档案管理中心馆藏王熙凤云肩图稿

苏州市工商档案管理中心馆藏薛宝钗马面裙图稿

台台回应道:"是的,这些我都分辨得出来。"

说罢,姐弟俩离开了这间设计室。此时,兰兰看了看表,对台台说:"已经五点多了。我们都出来一天了,快点回家吧,不然爸爸妈妈会担心我们

的,台台。"

台台一下子急了:"那我们快回去吧,我还要喝饮料、吃冰淇淋呢。"

姐弟俩向厂里的师傅道别,看到师傅挥了挥手又急急忙忙干活去了。来到了大门口,姐弟俩快步跳上了时空机,转眼便回到了家中。

台台二话没说就去冰箱里拿出了冰淇淋吃起来,真是美味啊。突然,台台仿佛悟出了什么道理:"姐姐,我知道为什么苏州会有剧装戏具厂了。"

"为什么?"兰兰笑着问。

"因为我们苏州有昆曲啊,还有丝绸和赫赫有名的苏绣,嘻嘻。"

"小机灵鬼,看来你今天的学习成效不错嘛,学到了这么多的知识,哈哈哈。"兰兰大笑,接着对台台说,"早在100多年前,苏州就开始向全国供应戏班戏服,甚至很多京剧名角也来苏州定做戏服。梅兰芳就在苏州定做过戏服。"

"姐姐,苏州好厉害啊。这就好解释为什么电视剧《红楼梦》的剧装会在苏州剧装戏具厂制作啦。"

"对啊,台台真聪明。《红楼梦》原著中就写到元妃省亲,贾府为筹备戏班,派人前去苏州置办行头。书中反映的是当时的普遍情形,要新开戏班必先去苏州置办行头。而且清代中期以后,宫廷演戏用的大量戏具行头都是由苏州织造操办制作的。"兰兰又给台台补充了小知识。

"也许史延芹老师和《红楼梦》剧组也是因为这个原因选中苏州作为剧装制作基地的呢。"台台对于自己的新发现很得意。

看着台台得意的神情,兰兰补充道:"《红楼梦》与苏州的联系可不止这些哦。小说开场是从苏州的阊门讲起,小说塑造的十二金钗中的黛玉和妙玉都是苏州闺秀,小说中有很多苏州风土人情的描写,当然小说中还有很多关于苏州丝绸的描写。"

听姐姐说了这么多,台台不说话了,他觉得自己还有好多知识需要学习。

"台台,我们今天出去了一天,你也学到了很多知识,既然你这么喜欢看电视剧《红楼梦》。不妨趁这个暑假把电视剧和原著都看了吧,趁热打铁。"兰兰提议道。

台台快乐地回道:"好的,姐姐,那我明天就开始认真阅读原著,我们再一起看电视剧,二者结合,效果肯定很好。"

兰兰点头赞同:"等看完原著和电视剧,我们再去苏州中国丝绸档案馆参观。我想看看保存在那里的丝绸档案,包括苏州剧装戏具厂的很多档案。"

台台兴奋地拍手:"好啊好啊!我真期盼这一天的到来啊!"

后 记

中华文化,浩浩汤汤。

兰台御史,源远流长。

典策法书,汗牛充栋。

盛世修典,薪火相传。

中华少年,国之希望。

少年有德,政治清明。

少年有才,文化繁荣。

少年有为,国家富强。

少年有志,民族复兴。

是以中国记忆之发展、文化历史之传承在乎少年,

少年之今日,国家之未来。

吾辈虽不才,愿为少年计。

采撷丝绸珍档,编撰探险故事,串联古今中外,共话世界记忆。

披阅两载,增删十次,纂成六册,图文并茂,娓娓道来:

一话世界记忆之中国发展;

二述丝绸之路之源远流长;

三探苏州丝绸之前世今生;

四表《红楼梦》之丝绸记忆;

五叙成长档案之建档攻略;

六聚档案游戏之精研巧思,

以飨吾中华少年。

盼同学少年,意气风发,爱档护典,传承文化,再续新篇!

编写说明:

本书由皇甫元收集整理相关资料;苏锦负责"江宁织造——天衣无缝"至"苏州织造署旧址——江苏省苏州第十中学"部分的编写,栾清照负责"《红楼梦》之'绫'"至《红楼梦》之盘金绣"部分的编写,石浩负责"今日苏州剧装戏具公司"和"昨日苏州剧装戏具厂"部分的编写;栾清照负责全书统稿;程骥协助完成审校。